800년
장자의 비밀

800년
장자의 비밀

서유진 지음

티움

"장사의

첫째 신조는 의리,

둘째 신조는 신용,

마지막이 이익이다.

이것이 거상의 신조다."

_중국의 거상, 교치용(喬致庸)

장사는 어떻게 완성되는가

전(前) KOTRA 중국사업단장 박한진

"우리 고향에선 모기도 10년 삽니다. 올챙이도 10년은 묵어야 앞다리가 요만큼 삐져나옵니다. 30년산 양주, 여기선 난리 나지 않습니까? 우리는 돼지고기 노린내 없애는 데 씁니다. 100년 묵은 산삼은 깍두기 해 먹습니다. 700년 묵은 반딧불이 보셨습니까? 차 헤드라이트가 고장 날 때 이걸 붙여놓고 가면 전방 5킬로미터는 다 보입니다."

10여 년 전 인기를 끌었던 연변 개그다. 황당한 우스개에 대륙의 과장법을 버무려놓은 듯하지만, 중국의 상황을 들여다보면 웃고만 넘길 일은 아니다. 100년 된 가게와 기업이 수두룩하고, 1,000년을 바라보는 것도 있다. 우리가 태어나기 훨씬 전에 생긴 중국 기업들이 여전히 강한 생명력을 뿜어내고 있는데 그것을 왜 우리는 몰랐을까. 봐도 안 보인 것일까, 애써 외면한 탓일까.

3년 전 90일 간의 아시아 대장정의 기록을 담은 『아시안하이웨이』로 주목받았던 서유진 기자가 가뭄에 단비 같은 책을 출간했다. 이 책은 재미, 정보, 학습의 삼박자를 고루 갖추었다. 장수 가게와 기업의 탄생사를 읽다보면 중국 근현대사 속으로 빠져드는 재미가 쏠쏠하다. 이들의 최근 이야기도 가득해 정보의 바다를 항해하는 듯하다. 그런 이유로 이들 가게와 기업의 장수 비결은 우리의 '학습 등대', 즉 벤치 마킹의 대상이다.

이 책이 단비 같은 이유는 또 있다. "기업은 무엇으로 사는가?"에 대한 심도 깊은 분석과 진지한 고민을 담았다. 지금까지 나온 중국 기업 관련 도서들은 대개 덩치 큰 기업의 소개서이거나 천신만고 끝에 빛을 본 CEO 열전류가 많았다. 저자는 이 틀을 깨고 개척자적 자세로 파워브랜드들의 장수 비결을 추적했다. 현대 경영에서 생존의 열쇠는 기술에 있지 않다. 자금과 인력, 판매망도 중요하지만 결국에는 브랜드 파워가 그 모든 것에 우선한다. 저자가 처음부터 끝까지 일관되게 강조하는 메시지다.

이 책은 디테일에 대한 세심한 배려도 돋보인다. 친숙한 '사골곰탕' 이야기로 브랜드의 중요성을 강조하고, 장수 브랜드들을 소개하면서 유사하게 연상할 수 있는 한국 기업들을 언급한다. 300년이 넘은 제약 기업인 '퉁런탕'에서 한국의 100년 제약기업을 이야기한다. 1,000년 역사를 써가는 바이주 기업인 '우량예'는 한국의 유명 전통주 기업에 비견된다. 저자의 이런 노력에 힘입어 이 책은 쉽게 읽을 수 있다는 장점도 갖추었다.

중국 기업인들은 이런 말을 자주 한다. "이웃집 구렁이가 와도 우리 집 지렁이를 이기지 못한다." 외국 기업이 중국 시장을 개척하기란 하늘의 별따기란 것을 에둘러 표현한 말이다. 독자들은 이 책을 읽고 나면, 중국 기업들은 지렁이도 구렁이도 아닌, 승천을 앞둔 이무기란 생각을 하게 될 것이다. 그런 점에서 중국 내수시장에 진출하려는 우리 기업인들에게도 이 책을 권할 수 있다. 장수 기업의 생존 DNA를 잘 파헤쳤다는 점에서 대학 MBA 교재로도 손색이 없다. 서유진 기자가 다음에는 또 어떤 각도로 중국인들의 장사 비결을 풀어낼지 벌써부터 기다려진다.

중국의 코카콜라를 찾아서

하나대투증권 리서치센터장 조용준

중국에도 미국의 코카콜라나 면도기 회사 질레트 같은 기업이 있을까? 워싱턴포스트, 월트디즈니 같은 독점력이 강하고 가치투자가 가능한 기업에 대해 고민하고 있던 차에 반갑게도 이 책을 만나게 되었다.

나는 가치투자에 대해 항상 연구하고 있다. 워런 버핏이 '코카콜라'라는 영원한 1등 소비주를 통해서 가치투자로 미국에서 성공한 것처럼, 13억 소비 시장 성장의 수혜를 받아 성공할 중국 기업을 찾는 게 내 목표다.

중국 주식 투자는 시장보다는 우량 기업에 투자해야 한다. 특히 중국과 같이 아직은 회계 투명성이나 개방의 정도가 약한 나라, 또 성장도 있지만 많은 기업이 도산하는 나라에서는 단기적인 영업 성과보다는 시장에서 인정해주는 1등 장수 브랜드에 투자하고 그 특징을 공부해야 한다.

이는 1990년대 외국인들이 한국에 투자했던 과거 경험을 떠올려보면 쉽게 알 수 있다. 과거 외국인 투자가들이 투자했던 한국 펀드도 대부분 기업 가치를 근거로 해 좋은 기업에 장기투자하는 가치투자 펀드였다. 중국에서도 이런 방향은 그대로 적용될 것 같다. 잘 모르는 중국시장에서 사업하는 것보다 장수하는 1등 기업의 주주가 되는 것이 좋은 투자 방법이라는 이야기다.

이 책을 읽는 투자가들은 중국 소비시장에서 성공하는 기업을 찾거나 그리고 기업가들은 중국시장에서 성공하는 기업들의 비결을 알아보는

데 보탬이 될 것으로 기대된다.

이 책은 중국인의 생활 이야기이며, 창업자와 후손들의 사업 이야기다. 중국인들이 무엇을 좋아하고, 무엇을 싫어하는지에 대한 문화 이야기이고, 보편적인 중국인의 정서에 대한 이야기다. 300~400년을 이어가는 중국의 기업들을 통해서 우리는 중국과 중국인을 느끼고 배우게 된다. 그래서 이 책에는 역사에 대한 감동이 있고, 흥미로운 이야기가 있다.

사실 나는 중국 출장 시 내국인들이 애용하는 식당에서 일반적인 중국 음식과 간식거리를 잘 즐기지는 못한다. 중국산 음식에 대한 약간의 주저함이 여전히 있다. 하지만 이 책에 소개된 '취안쥐더' 오리고기집은 즐거운 저녁식사 자리로 손색이 없고, 중국 명주인 우량예 역시 마찬가지다. 300년이 넘은 퉁런탕의 명성은 이미 한국인들 사이에서도 어느 정도는 알려져 있다. 청나라 이홍장이 세운 자오상쥐그룹, 중국 국민 음료수 왕라오지 등 이 책에서는 11개의 장수 기업들을 이야기하고 있다.

적절한 시기에 모처럼 갈증을 해소시킬 좋은 책을 집필한 서유진 기자에게 독자의 한 사람으로 감사의 마음을 전한다.

중국의 초장수 기업의 비밀을 분석하다
중국경제금융연구소장 전병서

중국에는 공자와 맹자보다 높은 존재가 있다. 바로 '먹자'다. 먹는 것을 하늘로 삼는 중국의 '먹자' 기업 중에는 800년이 넘는 역사를 가진 기업도 있다. 중국의 초장수 기업 '라오쯔하오'의 비밀을 예리하게 분석했다. '역사가 일천한 짝퉁 천국'이란 중국 기업에 대한 선입견을 한 방에 바꾸어 버릴 만한 책이다.

중국 전통 브랜드의 저력과 명성을 확인하다

신세계 전략실 부사장 김장욱

중국 하면 떠오르는 이미지는 '만만디', '장구함'이다. 그들의 특성은 기업 경영에도 배어 있다. 유구한 전통을 자랑하는 중국 전통 브랜드에서 100년 넘는 기업의 저력과 명성을 확인할 수 있다. 장수 기업의 성공 비결을 접하게 되어 기쁘다.

오직 의리, 신용, 이익에 힘써라

한성대학교 경제학과 교수, 글로벌금융연구소장 김상봉

중국 장수기업이 이익, 신뢰, 믿음을 기반으로 오랜 기간 동안 이어질 수 있었던 요체에 대해 제대로 짚어본 책이다. 이러한 사례로 한국의 기업들이 장수할 수 있는 시금석을 마련해 주고 있다.

중국인들의 상혼, 장사의 비결은 무엇인가

"사랑에도 유통기한이 있다면, 내 사랑은 1만 년으로 하고 싶다."

— 영화 〈중경삼림〉 중에서

사람들은 오래가는 것을 좋아합니다. 사랑도, 우정도, 친구도 오래오
래 함께하기를 바라지요. 기업도 마찬가지입니다. 기업도 사람처럼 태어
나서 자라는 생명체입니다. 아이가 태어났을 때 10세 때까지만 키우고
말아야지 하고 생각하지 않듯이 누구나 처음 가게를 열거나 법인 등록
을 했을 때 '3년만 하고 그만두자'라고 생각하고 기업을 경영하지는 않
습니다. 장수하는 기업, 그리고 영원히 장사를 하는 일은 상인들의 오랜
꿈입니다.

하지만 막상 세계 각국 기업의 역사를 살펴보면 의외로 장수 기업을
찾기 어렵습니다. 세계 많은 나라의 신생 기업 중 40퍼센트는 태어난 지
채 10년도 되지 않아 요절한다고 합니다. 미국의 《포춘》에서 1970년대
에 전 세계 500대 기업을 선정했는데, 1982년에는 이 중 3분의 1이 없
어졌다고 합니다. 우리가 지금은 100대 기업이라고 칭송하는 기업들도

몇십 년이 지나면 그런 기업이 있었나 하고 고개를 갸웃거릴 일이 생길 지도 모를 일입니다.

한국도 마찬가지입니다. 우리나라에서는 50대 은퇴자들이 생계를 위해 가장 많이 차리는 것이 바로 치킨 가게입니다. 하지만 장사의 본질을 알지 못한 채 뛰어들고 있어 폐업 업체가 속출하고 있습니다. 《월스트리트저널》에 따르면 한국의 치킨 가게는 3만 6,000개로 지난 10년간 3배나 늘었습니다. 하지만 매년 한국에서 7,400개의 치킨 가게가 생기는 대신 기존에 있던 5,000개가 문을 닫는다고 합니다. 치킨 가게의 절반은 개업 3년 이내에 망하고 80퍼센트는 10년 내에 문을 닫는다는 통계도 나왔습니다.

흔히 장수 기업의 축에 들려면 적어도 40년은 되어야 한다고 이야기합니다. 그런데 앞서 살펴보았듯이 10년이 지난 후 원래 있던 기업의 3분의 1이 없어지니 40년의 문턱은 넘기가 더욱 힘들다는 이야기겠지요. 그나마 장수 기업이 많다는 일본과 유럽도 기업의 평균 수명은 12.5년에 불과합니다. 우리나라도 마찬가지입니다. 100년을 넘긴 기업이 두산, 동화약품 등 다섯 손가락에 꼽을 정도라는 푸념은 오래된 이야기입니다.

중국은 어떨까요? 매년 미국의 《포춘》이 선정하고 있는 글로벌 500대 기업에 73곳의 중국 기업이 이름을 올리게 되었습니다. 기업 개수로 보면 미국 다음인 2위에 올라섰습니다. 《포춘》이 선정한 2012년 세계 500대 기업에서 중국의 석유화학 기업인 시노펙이 중국 1위, 글로벌 5위에 올랐습니다. 우리나라 대표기업인 삼성전자(20위)보다 높은 위치에 있습니다. 중국의 기업들은 세계 브랜드로서도 당당히 도약하고 있습니다.

얼핏 들어서는 중국 역사가 오래된 만큼 기업들도 장수할 것 같습니다. 그런데 아쉽게도 중국에서도 80퍼센트의 신생 기업이 이 40년의 벽을 뚫지 못하고 사라진다는 조사가 있습니다. 한 중국 매체는 일본 연구소의 보고서를 인용해 중국 기업들의 평균 수명은 불과 2.5년이라는 충격적인 연구 결과를 내놓기도 했습니다.

사실 중국인들이 늘 이야기하는 것이 있습니다. '중국은 그 역사가 유구하고……' 그런데 기업에 대해 이야기하면 대답이 궁한 편입니다. 중국에도 예전부터 호설암(胡雪岩) 같은 '전설의 상인'이 있었지만, 서구식의 주식회사와 같은 개념은 낯선 편입니다. 자본주의가 뿌리를 내리기도 전에 자본주의의 좋지 않은 점들만 본받았다는 비판도 나옵니다. 기업을 세웠다가 도산하는 일들도 비일비재하고요.

그러나 이와는 상반되는 기업들도 있습니다. 중국에서는 100년, 또는 그 이상의 역사와 전통을 가진 점포나 그 브랜드를 가리켜 '라오쯔하오(老字號)'라고 부릅니다. 중국 정부에서는 100년 이상 된 1,600개 업체에 오래되었다는 것을 인증하기 위해 라오쯔하오라는 이름을 내려주었습니다. 라오쯔하오는 한마디로 중국 전통 브랜드라고 보면 됩니다. 명·청 시대부터 대대로 전해 내려온 유서 깊은 업체로 평균 140여 년의 역사를 자랑합니다. 업종도 식품, 의류, 약품, 공예품, 중국 차 등 다양합니다.

물론 1949년 이전 중국 전역에 있는 라오쯔하오가 1만 여 개에 달했던 것과 비교하면 그 숫자는 많이 줄어든 것입니다. 라오쯔하오 중 70퍼센트가 경영상의 어려움을 겪고 있으며 20퍼센트는 장기적인 적자로 도산 위기에 직면했답니다. 오직 10퍼센트만이 지속적으로 성장을 하고 있는 것으로 나타났습니다.

2006년부터 중국 정부가 '라오쯔하오 진흥사업'을 통해 브랜드를 인증하고 육성하는 정책을 수립해 지원하고 있지만 적자 경영에 허덕이고 있는 곳도 있습니다. 하지만 적어도 브랜드 역사에 관해서는 중국인들이 가슴을 펴고 이야기할 수 있는 가치 높은 브랜드들이 장수하고 있습니다.

중국인들은 우리보다는 많은 장수 기업을 배출했습니다. 장수 기업 분석으로 유명한 서울대학교 조동성 교수의 연구에 따르면 중국에서 가장 오래된 기업은 서기 1140년 쓰촨성 이빈이란 곳에서 요씨 가족이 시작한 바이주 기업인 우량예라고 합니다. 무려 870년이 넘는 역사를 지니고 있지요. 중국이 몇백 년이 넘는 기업을 여러 곳 키워낸 데는 반드시 비결이 있을 것이라고 생각했습니다. 그런 기업들이 우리나라에서도 많이 나왔으면 하는 바람에서 이 책을 집필하게 되었습니다.

옛 브랜드들이 장수하는 비결에 대해 차근히 알아봐야겠다는 생각을 했습니다. 브랜드는 '와인' 같은 것입니다. 숙성될수록 깊은 향기가 납니다. 브랜드는 '사골곰탕'입니다. 오랜 시간을 두고 육수를 붓고 고아내면 허기가 지고 영양이 그리워질 때 언제든지 따뜻한 국물이 되어주니까요. 물론 그 과정은 어렵습니다. 하지만 사람들은 오랜 것을 찾습니다. 아플 때 엄마 약손을 떠올리듯 가게 되는 약방, 누구나 어린 시절을 추억하며 그리워하는 음료수. 이런 이야기를 담아보고 싶었습니다.

중국에서 오래된 기업 중에는 주로 의식주나 일상생활과 관련된 곳이 많았습니다. 특히나 중국인들은 먹는 것을 하늘로 아는 민족이다 보니 술, 약 등 몸에 좋은 먹을 것이 오래가는 경우가 대부분이었습니다. 그 기업들의 예로는 한국의 박카스, 바나나맛 우유보다 유명하고 인기 만점인 한방 음료수 왕라오지, 한국의 부채표 동화약품에 비견할 수 있는 퉁런탕이 있습니다. 왕라오지는 중국에서 코카콜라보다 많이 팔린 음료수입니다. 작은 한약방으로 시작된 퉁런탕은 인도네시아, 호주 등 세계 각국에 분점을 열고 있습니다. 한국인들에게는 우황청심환을 처음 만든 곳으로 유명합니다. 퉁런탕은 최고의 가격에 재료를 사는 고집을 갖고 있습니다.

퉁런탕이라는 단어는 "다 함께(同) 인덕(仁德)을 쌓으면서 세상을 구하자"는 단어를 모아서 만든 것입니다. 어린이든 어르신이든 차별을 두지 않고 모두 소중히 생각한다는 경영 이념을 지켜가면서 장사를 한 한약방입니다. 또 한국의 국순당 백세주보다 훨씬 유명한 우량예는 바이주의 대명사가 되었습니다. 우량예는 5가지 곡식으로 만든 술이라는 의미입니다. 이 회사는 프랑스 보르도 와인이 고유명사가 된 것처럼 높은 인지도를 갖고 있답니다.

일본의 미쓰비시 그룹처럼 중국의 종합상사로 거듭난 기업도 있습니다. 청나라 때 양무운동을 일으킨 이홍장이 세운 자오상쥐그룹이 그곳입니다. 한국의 일반적인 금융그룹처럼 금융회사도 거느리고 있을 뿐만 아니라 미국의 트럼프 그룹처럼 부동산회사도 갖고 있습니다.

한국에서 손톱깎이 하나로 세계를 사로잡은 쓰리세븐(777), 독일 헹켈이나 스위스 아미(army) 나이프처럼 장인정신이 담겨 있는 중국의 장수 가위 전문 기업인 장샤오취안도 알아보았습니다. 한국의 장충동 할매 족발처럼 중국 베이징에 간 사람이라면 누구나 한 번쯤은 먹어보았을 오리고기 전문점 취안쥐더도 대표적인 장수 기업입니다. 취안쥐더는 손님한 명 한 명에게 좋은 품질의 오리고기가 돌아갈 수 있게 가격도 비싸지 않게 책정해놓는 기지를 발휘하기도 했습니다. 우리나라 하선정 식품처럼 장류 등 각종 반찬을 파는 류비쥐는 앞서 설명한 퉁런탕과 불과 200 미터 거리에 있는 작은 반찬가게에서 시작되었습니다. 추석에 먹는 음식인 월병(月餅) 하나로 전국에 가게를 거느리게 된 다오샹춘도 빼놓을 수 없는 전통 있는 기업입니다. 한국 명동에서도 다오샹춘을 만날 수 있습니다. 이밖에도 베이징에서 가장 오래된 만둣집 두이추와 중국에서도 와인을 만들 수 있다는 것을 보여준 와인 기업 장위 포도주도 100년에 가까운 역사를 지니고 있습니다.

저는 중국의 기업들이 자신의 주특기 상품 하나로 업계의 대명사가 되기까지의 숨은 노력을 알아보고 소개하고 싶었습니다. 어떤 기업이 장수할 수 있는지는 결국 '기업이 어떻게 소비자에게 감동을 주는가'로 연결될 수 있을 것입니다. 좋은 기업이 되는 것은 영원한 숙제이지만 사실 또 비결을 찾자면 지극히 당연한 귀결이 될지도 모르겠습니다.

오랜 기업과 오랜 브랜드는 제 각자의 방식으로 장수합니다. 그런 과정에는 반드시 작은 이유라도 있습니다. 장수 기업들은 저마다의 모습이나 방식은 다르지만 '신뢰'와 '믿음'을 얻기 위해 품질을 높이는 과정은 반드시 있었습니다. 자기가 가장 잘하는 것 하나를 꼭 짚은 뒤에 거기서 최고가 되었습니다. 그리고 그 과정 속에서 열심히 헌신한 '사람'이 빠질 수 없습니다. 장수 기업은 종업원과 고객과 사회에 기여합니다. 처음부터 기여하고 싶어 기업을 한 것은 아니었겠지만 좋은 기업으로 성장하다보니 자연히 기여를 하게 된 측면도 있습니다.

중국 장수 기업들은 한마디로 '오래된 미래' 속에 있었습니다. 이들은 변함없는 것과 변화하는 것을 동시에 갖고 있었습니다. "배움은 배를 젓는 것과 같다. 배를 젓지 않으면 뒤로 밀려난다"는 중국 속담이 있는데, 기업을 경영하는 것도 바로 그런 이치라고 보입니다.

저는 중국 장수 기업들을 분석하면서 우리 기업들에도 도움이 되었으면 하는 바람을 가져봅니다. 우선, 당연하게 들리는 이야기이지만 장수 기업에는 신뢰가 중요하다는 점을 느낄 수 있었습니다. 특히 먹는 것을 중시하는 중국인들이 신뢰하고 있는 기업들은 그만큼 민감할 수밖에 없습니다.

중국에 장수 기업이 있다는 것 자체는 어쩌면 우리 기업에 희소식일지도 모르겠습니다. 중국인들은 여간해서는 다른 사람에게 마음을 잘 열지 않습니다. 만만디 정신이 워낙 강하다 보니 사랑을 받는 데 숱한 세월이 필요합니다. 하지만 중국에서는 한 번 사랑을 받으면 계속 사랑을 받을 공산이 큽니다. 또 중국의 장수 기업은 반드시 저마다의 철학과 원칙이 있었습니다. 쌀독에서 인심 나던 경주 최부잣집과 같은 것이지요. 이들은 부를 아름답게 소유하는 방법까지 알고 있었기에 중국인들의 삶과 함께 갈 수 있었습니다.

이제 중국인들이 장사에서 어떻게 성공했는지, 그 숨은 이야기 속으로 같이 가보실까요.

차 례

제1부 의 　　　　　　　　　　　　　 義

제 1 부

의

"명예와 이익을 추구하면 사람을 얻을 수 없다.

인연을 소중히 해야 복이 온다."

어려울수록
신의를 중시한다

만둣집 두이추
1738년~

창업 이후 단 하루도 가게 문을 닫은 적이 없다

베이징에서 가장 오래된 만둣집은 어디일까? 바로 276년 간 명맥을 이어온 두이추(都一處)다. 두이추에서 파는 만두는 우리가 아는 만두와는 조금 다르다. 정확히 말하면 '사오마이(燒麥)'라고 불린다. 사오마이는 만두(중국어로는 빠오쯔[包子])의 일종인데 고기, 야채, 해산물 등으로 소를 만든 다음 밀가루로 만든 피로 싸고 나서 증기로 쪄내는 것이다. 일반 만두와 달리 사오마이는 정수리 부분이 꽃이 활짝 핀 모양을 닮아서 '꽃만두'라고 불린다. 사오마이는 원나라 수도인 대도(大都, 지금의 베이징)에서 처음 만들어져서 서민들의 사랑을 받아온 대중적인 먹을거리다.

1738년에 설립된 두이추의 가게 이름은 '베이징(수도)에 하나밖에 없는 곳'이라는 뜻을 갖고 있다. 만둣집에 왜 이런 이름을 붙였을까? 때는 청나라 건륭 황제 시대(1735~1795)인 1738년으로 거슬러 올라간다. 당시 산시성(山西省) 출신의 왕서복(王瑞福)이라는 사람이 쳰먼(前門) 근처에 사오마이 식당을 열었다(혹자는 왕서복이 아니라 이[李]씨 성을 가진 청년이라고 전하기도 해서 창업자에 대해서는 다소 설이 엇갈린다. 여기서는 중국 문헌에 나오는 왕서복으로 따르기로 한다).

두이추의 본점이 있는 베이징 쳰먼 거리 일대는 원래부터 중국 전통 브랜드 기업들인 라오쯔하오의 산실이었다. 베이징에서 가장 오래된 만둣집 두이추의 이웃에는 수많은 라오쯔하오가 있었다. 절임 음식이나 중국식 피클(pickle)로 유명한 류비쥐(六必居)도 설립연도는 다르지만, 이 거리에서 사랑받는 토종 브랜드였다. 류비쥐도 이 책에서 소개할 중국 전통 장수 가게다.

퉁런탕도 쳰먼 거리와 가까운 베이징 다자란(大栅欄) 거리에 있다. 최인훈의 소설『상도』에도 등장하는 다자란 거리에서는 350년이 훌쩍 넘는 역사를 지니고 있는 퉁런탕이 터줏대감으로 상권을 지키고 있었다(2억 마리 이상의 오리구이를 판매한 베이징 오리구이 전문점 취안쥐더[全聚德]는 두이추보다는 늦게 들어왔지만 이웃이다).

쟁쟁한 가게들 사이에서 작게 연 가게였지만 왕서복이 자랑하는 특별함이 있었으니 1년 내내 영업을 한다는 것이었다. 왕서복은 새벽닭이 울면 가게 문을 열었고 남들이 하지 않는 밤중까지 영업을 했다. 요즘 식으로 따지면 24시간 365일 영업을 한 셈이다. 쳰먼 거리는 번화가였던지라 술집과 유명 음식점이 많았다. 작은 주점이었던 두이추으로서는 다른 가게들 틈바구니에서 살아남기 위해서는 성실하고 우직하게 일하는 수밖에 없었다. 왕서복은 손님이 있든 없든 크게 상관하지 않고 날씨가 궂어도 가게 문을 열었다. 다른 가게들은 명절이 되면 가게 문을 닫았지만 그 집만은 문을 열었다.

그렇게 15년을 하루처럼 일해온 어느 날이었다. 1752년 섣달 그믐날 밤이었다. 흰 눈이 조금씩 하늘에서 내렸다. 길거리에는 사람들의 발길이 끊어졌다. 모든 가게는 새해를 축하하려고 진작 문을 닫았지만, 왕서복의 가게만 불빛을 밝히고 있었다. 그때였다. 낮 시간 동안 손님 한 명도 받지 못한 왕서복에게 첫 손님이 찾아온 것이다. 선비 한 사람이 초롱불을 든 하인 두 명과 함께 가게로 찾아들어왔다.

알고 보니 그 손님 일행은 여기저기 식당을 찾아 헤맸지만 문을 연 곳이 한 군데도 없어 결국 이 가게를 들어왔던 것이다. 그는 몇 가지 내놓은 식사와 술을 달게 먹었다. 시장기도 가시고 몸도 녹인 손님은 흐뭇한 표정이었다. 이윽고 그가 왕서복에게 물었다.

"이 가게 이름이 무엇인가요?"

왕서복은 멋쩍은 듯 대답했다.

"저희 가게는 실은 마땅히 이름이랄 것도 없어요."

사실 그 식당에는 간판도 변변치 않았다. 손님은 가게를 쓱 둘러보더니 "아무도 장사를 안 하는 이 섣달에 이 집만은 문을 열었군요. 추위와 배고픔을 가시게 해주신 보답으로 제가 가게 이름을 지어드리고 싶네요. 오늘밤 장안에 딱 한 군데인 이 가게만 문을 열었으니 '두이추(都一處)'

라고 부르면 어떨까요" 하며 돌아갔다.

　며칠이 지난 후 놀라운 일이 벌어졌다. 환관 여러 명이 그 가게를 찾아와 '두이추'라고 쓰인 황금색을 입힌 호랑이 머리 모양의 간판을 가지고 온 것이다. 알고 보니 그 선비는 바로 건륭 황제였고 두 사람은 수행하던 환관이었다. 이들은 베이징 근교 퉁저우(通州) 지방의 암행 시찰을 마치고 황궁으로 돌아가던 참이었다.

　밤은 깊은데다 피곤하고 배는 고팠지만 영업 중인 가게가 없던 터라 한참을 헤매던 황제 일행에게 이 가게에서 먹은 사오마이는 잊을 수 없는 맛을 선사했다. 황제는 반가움과 고마움을 담아 '도시의 최고', '수도에서 유일한 곳' 등으로 해석될 수 있는 두이추라는 이름을 직접 짓고 손수 편액을 만들어 하사했다.

　청나라 건륭 황제가 암행을 하던 때 우연히 찾아가 사오마이를 먹었던 것이 인연이 되어 황제가 직접 간판까지 써주었다는 이야기가 알려지면서 두이추는 이름을 널리 알렸고 장사가 잘되기 시작했다. 아직도 창업 이후 휴업을 하지 않고 운영되고 있다.

　두이추는 1956년에 국영기업이 된 이후에도 24시간 영업, 1년 365일 영업을 고수하고 있다. 3층 건물 약 400제곱미터(120평) 되는 식당의 1층 벽에는 아직도 건륭 황제가 하사한 현판이 걸려 있다.

홍위병도 반한 맛있고 착한 가격

건륭 황제가 아끼던 두이추는 여러 세대를 거치며 전통을 이어왔다. '백성은 먹는 것을 하늘처럼 여긴다(民以食爲天)'는 중국인들의 전통 속에서 음식 문화는 남다른 의미를 지닌다. 특히 1911년 신해혁명으로 황궁의 문조차 닫힌 적도 있지만, 두이추의 문은 하루도 닫힌 적이 없었다. 두이추에 불어닥친 큰 시련은 1966년 문화대혁명이었다. 이때 장사하는 사람들은 이윤을 좇는다고 해서 박해하는 일이 많았는데 두이추도 예외는 아니었다. 홍위병들은 두이추를 사무실로 쓰겠다고 접수해 버리고는 두이추의 손님들과 종업원들을 밖으로 내쫓았다. 그러고는 '이곳을 홍위병이 접수한다'고 대자보까지 써붙였다. 문에 못질을 해버려서 안에서는 나오지도, 밖에서는 들어가지도 못하는 상황이 되었다.

그날 밤 두이추를 접수한 홍위병들도 시간이 지나며 배가 고파지기 시작했다. 이들은 주방을 뒤지다가 팔다 남은 사오마이를 먹게 되었는데 무척 맛이 있었다. 입에서 살살 녹는 맛이 기가 막혔다. 얇고 하얀 밀가루 껍질이 24겹이나 되는 연꽃 주름처럼 피어나는 모습의 사오마이는 감칠맛이 일품이었다. 두이추는 24겹의 사오마이를 아직도 빚어내고 있다. 두이추의 사오마이 가장자리 껍질은 양파 껍질처럼 얇아 불과 0.5밀리미터라고 한다.

유명하고 맛있는 만큼 값도 비쌀 거라고 생각했던 홍위병들의 눈에 사오마이 한 접시는 2자오(角, 10자오는 1위안)라는 아주 저렴한 가격표가 눈에 들어왔다. 홍위병 중 한 사람이 불쑥 말했다.

🔵 홍위병들도 그 맛에 반했다는 두이추 만두

"이것은 부르주아들이 먹는 비싼 음식이 아니네. 우리 같은 시민들이 먹을 수 있는 값싸고 맛 좋은 먹을거리라고."

홍위병들은 고민을 하다가 두이추가 '무산자 계급의 식당'이라는 이유로 다시 장사를 하게 해주었다. 맛있고 착한 가격의 사오마이에 반한 홍위병들은 낮에 못을 박았던 그 손으로 직접 다시 빼냈다. 그리고 다음 날 아침, 두이추의 문은 다시 열리게 되었다.

인연을 소중히 해야 복이 온다

두이추의 성공 DNA는 무엇이었을까? 두이추를 제대로 알기 위해서는 우선 창업자에 대해서 알아볼 필요가 있다. 두이추는 산시성 출신의 진상(晉商)이 처음 세웠다고 전해진다. 진(晉)나라는 바로 지금의 산시성을 의미하기 때문에 산시 상인을 진상이라고 부른다. 산시성은 중국 최초이자 최고의 상인을 낳은 지역으로 잘 알려져 있다.

뛰어난 상인의 고장인 산시성은 사실 땅이 척박하고 기후도 열악한 곳이었다. 그래서 많은 사람이 농사로 생계를 유지할 때 산시성 사람들은 도저히 농사일만 가지고는 먹고살 수가 없는 형편이었다. 지긋지긋한 가난을 벗어나기 위해서는 반란을 일으키거나 아니면 자기 몸뚱이 하나를 믿고 장사하는 일밖에 없었다.

산시성 사람들은 장사를 택했다. 천릿길 타향살이도 마다하지 않았던 산시성 진상들은 중국 대륙 전역으로 퍼져나갔다. 오죽했으면 "산시성에서 뛰어난 사람들은 대부분 장삿길로 들어선다. 평범한 사람들이나 글을 읽어 과거를 본다"는 말이 나올 정도였다.

진상은 진한시대 타이위안(太原), 핑야오현(平遙縣), 핑루현(平陸縣) 등지에서 활동하기 시작했다. 특히 핑야오 지역은 황토 고원으로 된 황량한 사막이었다. 하지만 중국 문화유산과 관련된 책을 여러 권 출간한 문화평론가 위추위(餘秋雨)는 산시성 핑야오를 '중국에서 가장 신비한 땅'이라고 불렀다. 위추위 선생은 중국판『나의 문화유산 답사기』의 저자로 중국의 유홍준으로 불린다. 핑야오는 장이머우(張藝謀) 감독의 〈홍등〉의 배경이 된 곳이기도 하다. 하지만 무엇보다 핑야오는 중국 최고의 상인인 진상을 키워낸 땅으로 중국인들의 머릿속에 인식되어 있다.

진상들은 수, 당, 오대 시기에는 타이위안, 다퉁(大同) 등 신흥 도시까지 범위를 넓혀 장사를 했다. 송나라와 원나라 때에 이르러서는 요나라와 인접한 산시성 변경을 중심으로 국경 무역에까지 손을 뻗쳤다. 그리고 명청(明淸) 500년 동안 진상들은 최전성기를 누렸다.

중국 명나라 때에 이르면 전국적으로 10개의 거대한 상인 집단이 생기는데, 이를 10대 상방(商幫)이라고 불렀다. 상방들은 지역을 기반으로 서로 뭉쳐 돕는 '상업연맹'을 형성했는데 대표적인 상방은 안후이성(安徽省)을 중심으로 형성되었으며 유교를 기반으로 성장한 후이주(徽州) 상인, 저장성(浙江省) 닝보(寧波) 상인 등이었다. 내로라할 실력을 지닌 쟁쟁한 중국 상인들 중에서 으뜸으로 쳤던 상인들은 바로 진상이었다.

왜 진상을 중국 최고 상인이라고 여겼을까. 우선 진상은 중국 최초의 상인으로 역사 속에서 그 가치를 인정받았다. 춘추시대부터 2,500년 넘게 상도의를 지켜온 것이다. 진상은 먼저 우리 생활에 꼭 필요한 소금을 매매하면서 시작되었다. 당시 진상들은 함수호(鹹水湖, 소금이 나던 호수)를 끼고 있어 이를 성장의 발판으로 삼아 세력을 확장했다. 소금 무역을 장악한 진상들은 서서히 부를 축적하기 시작했다. 송나라와 원나라 때에는 황허 동쪽의 소금 상인이라는 의미로 '허둥(河東) 염상'이라고도 불렀다. 진상은 소금을 취급하는 염업(鹽業)을 비롯해 곡물, 비단, 철기, 차 등 팔 수 있는 모든 물품을 취급했다. 또 화물 운송에서도 두각을 나타냈으며 중국 고대의 금융기관인 표호(票號)를 운영해 중국 근대금융계에도 발자취를 남겼다.

진상은 물품만 많이 취급한 것이 아니라 활동 범위도 다양했다. 지금으로 보면 글로벌 경영을 일찌감치 시작한 셈이다. 이들은 러시아 모스크바에서 일본 오사카까지 세계가 좁다며 무역을 했다. 근대의 학자였던 옌선슈(嚴愼修)는 『진상성쇠기(晉商盛衰記)』를 쓰면서 "진상은 만주, 몽골, 러시아 모스크바까지 어디에서나 있었다"고 소개한다. 오늘날 세계

방방곡곡에서 막대한 부를 거머쥐고 활약하고 있는 '화상(華商)'들의 뿌리도 따지고 보면 진상으로 거슬러 올라갈 수 있다.

'화상'은 중국 본토를 비롯해 타이완, 홍콩, 동남아시아, 미국, 유럽, 호주 등 전 세계의 중국계 비즈니스맨들을 일컫는 말이다. 대표적인 진상으로는 교치용(喬致庸)과 쿵샹시(孔祥熙)가 있다.

교치용은 중국 산시성 출신이지만 수도인 베이징과 경제 중심지인 상하이 등 중국 200곳에 점포를 두면서 거상으로 성공한 실존인물이다. 그가 워낙 많은 재산을 모으다 보니 청나라 정부가 정한 토지제도마저 위태롭게 할 정도였다는 전설이 전해진다. 많은 재산을 모았지만 '덕'으로 경영을 펼쳐 지금도 중국에서 존경하는 인물 중 한 사람으로 손꼽힌다. 교치용 집안에서는 "명예와 이익만을 추구하면 사람을 얻을 수 없다. 인연을 소중히 해야 복이 온다"는 것을 늘 강조했다.

교치용은 청나라 말기에 유통체계 기반을 닦았으며 '의(義), 신(信), 리(利)'라는 비즈니스 명제를 세웠다. 상인은 당연히 이익을 중시해야 하지만 의리와 믿음이 바탕이 되어야 한다는 뜻이다. 그의 생애를 다룬 중국 CCTV 드라마가 45부작으로 방송되었는데 중국 전역에서 17.3퍼센트, 베이징에서는 30퍼센트라는 높은 시청률을 올리기도 했다.

쿵샹시도 이름을 떨친 진상 중의 하나다. 쿵샹시는 20세기 초 부유한 중국 은행가이자 관료였다. 그의 부인은 쑹아이링(宋藹齡)으로 유명한 송가황조 자매 중 맏딸이다. 쿵샹시 역시 산시성 출신으로 진상에 속하는 인물이다. 그는 상업에만 종사했던 진상들과는 조금 다른 길을 걸었다. 중화민국의 상무장관, 재무장관, 중앙은행 총재(1933~1945)를 역임하면서 관료로서도 탁월한 능력을 보였기 때문이다.

앞서 살펴보았던 두이추의 일화는 수많은 진상의 활약상 중에서 하나의 예다. 다른 가게들은 모두 문을 닫았지만 오랫동안 몸에 밴 진상들의 습관대로 문을 열고 있었던 두이추에 건륭 황제라는 '행운'이 찾아온 것도 따지고 보면 '우연'은 아니라는 점을 알 수 있다. 진상의 오랜 전통과 신용을 지킨 것이 곧 '준비된 자에게 찾아온 기회'라는 명제를 상징적으로 보여준다고 할 수 있다.

작은 것을 먼저 주고 큰 것을 나중에 취한다

"세상에 참새가 날아가는 곳이면 진상의 발이 닿지 않는 곳이 없다", "중국 제일의 상인인 진상에게는 러시아 차르도 한때 이들에게 돈을 빌

🌀 두이추의 모습

렸다"는 이야기는 진상의 위상을 단적으로 보여준다. 참새는 텃새로 웬만한 지역에서는 볼 수 있기 때문에 결국 진상이 없는 곳은 없다는 의미로 해석된다.

진상들은 재산상으로도 단연 우위에 섰다. 청나라 광서제(1875~1908) 때 산시성 부자 집안 14곳의 재산이 당시 정부의 1년 재정 수입과 맞먹었다는 기록이 남아 있을 정도이니 말이다. 그러나 여기서 그치는 게 아니라는 설도 있다. 재산 공개를 꺼리는 상인들의 특성상 사실 기록된 것보다 3~10배 많은 재산을 가졌으리라는 추정이 가능하기 때문이다.

진상이 보여주었던 생활 속의 지혜는 경구로 남아 전해져온다. '남이 버린 일에 뛰어들라', '신용을 버린 이익은 결코 취하지 않는다', '먼저 주고 나중에 더 큰 것을 가져라', '한 번에 큰 이익을 탐하지 않는다', '어려울수록 신의를 우선시한다', '가장 좋을 때 실패를 대비하라', '일은 오직 사람이 이룬다', '채찍보다 당근으로 동기를 유발한다', '위기의 순간에는 배짱도 전략이다' 등 이들이 남긴 철학은 지금 보아도 공감을 불러일으킨다.

당시 중국인들은 '배우고 남는 힘이 있으면 벼슬을 한다(學而優則仕)'는 풍조가 만연했다. 조선시대와 마찬가지로 사농공상의 틀에서 크게 벗어나지 못하던 탓이다. 벼슬 한 자리를 하는 것을 최고로 치던 시대에 진상들은 '배우고 남는 힘이 있으면 장사를 하라'는 기업가 정신을 강조했다. 이들의 전통이 현대 화상들의 정신이 된 것은 물론이다.

진상은 현대 경영기법에 버금가는 경영 시스템을 구축한 개척자로 평가받는다. 상품 관리, 인재 채용, 이윤 배분 등 경영에서 중요한 순간마다 확고한 기준을 세운 뒤 그에 맞추어 상점을 운영했다.

우선 진상은 본점과 분점 사이에서 특별한 정보나 경영전략 등을 주고받았는데 이때 독특한 소통 방식을 사용했다. 진상들은 사업 지시, 문의 확인 등을 위해 편지를 쓸 때 보안을 위해 암호나 기호를 많이 썼다. 또 암호화되고 복잡한 장부기재 방법을 만들어내 내부 비리를 미리부터 차단했다. 아주 중대한 기밀을 전할 때에는 담당 지배인을 파견해 구두로 전달했다. 또 주식제도를 일찌감치 도입해서 소유와 경영이 분리된 모델을 실현하기도 했다. 소유주는 총 지배인으로 최고경영자(CEO)에게 경영을 일임했는데, 이는 중국에서 자본주의가 발달하기 전에 이루어졌다는 점에서 주목할 만하다.

진상은 인사 관리에도 철저한 면모를 보였다. 친인척 채용을 전면 금지하고 필기시험과 면접 등을 통해 엄격한 기준을 적용해 사람을 뽑았다. 현대 주식회사와 흡사한 모습이다. 또 모든 직원에 대한 내규를 마련했으며 당시 유행하던 도박과 아편을 엄격히 금했다.

이렇게 고르고 고른 인재는 의심하지 않고 믿고 썼다. 이는 의인물용(疑人勿用) 용인물의(用人勿疑) 즉, 사람을 의심하면 쓰지 말 것이며 일단 사람을 쓰고 나면 의심하지 말라는 중국 고대 격언과 일맥상통한다.

진상들은 친인척 채용 등 특혜를 주는 것은 금기했지만 자녀들의 교육에서만큼은 남다른 애착을 갖고 있었다. 이런 점은 '배움은 꿀처럼 달다'며 자녀 교육을 극도로 중시했던 유대인 상인들과 흡사한 면모다. 진상들은 이윤 배분과 돈을 다루는 데 원칙을 지켰다. 뽑은 인재에 대해서는 공로금 등을 지급했다. 현대적인 개념으로는 성과급에 가깝다.

　돈은 일률적으로 지배인에게 전달한 뒤에는 결코 묻거나 따지지 않고 결산 시에만 보고를 받았다. 사람을 쓸 때 검증을 확실히 거친 뒤에는 의심하지 않았던 것과 같은 맥락이다. 실패에도 관대한 문화가 있었다. 경영을 하면서 큰 손해를 입었더라도 지배인을 문책하거나 파면하지 않았다. 대신에 그를 위로하기 위해 돈을 주어 사기를 진작시켜 다음 번 실수를 막고 회사가 발전하는 계기로 삼았다. 소수점 이하의 우수리는 받지 않아 손님을 끌어모았다. 이는 '작은 것을 먼저 주고 큰 것을 나중에 취한다'는 원칙에 부합하는 정책이다. 두이추를 비롯한 진상들이 남긴 사업가의 정신은 현대 중국 상인들에게는 기본 정신으로 남아 계승되고 있다.

장아찌 명가 류비쮜

1530년~

세계인의 입맛을 장악한 밥도둑

많은 나라에서 내려오는 음식 문화 전통이 있으니 바로 피클이나 장아찌를 먹는 습관이다. 아무래도 여름에는 야채가 풍성하지만 겨울이 되면 신선한 야채를 먹기 어려워지기 마련이다. 야채를 접하기 어려운 추운 계절이 오더라도 언제든지 섭취할 수 있게 옛날부터 각 나라 조상들은 소금이나 식초에 절여 두고두고 먹었다.

우리나라에서도 매실 장아찌 등을 담갔다가 나중에 밥과 함께 먹어서 입맛을 돋우는 사례가 있다. 일본에서도 매실 장아찌인 우메보시(梅干)나 나라즈케(奈良漬, 일본 나라 지방에서 참외와 비슷하게 생긴 울외라는 야채에 술지게미를 넣어 만든 장아찌의 일종)라고 해서 장아찌류의 음식이 있다. 장아찌는 오랜 시간 숙성을 통해 나오는 '슬로 푸드'이지만, 일단 완성이 되면 언제든지 바로바로 꺼내먹을 수 있는 '패스트푸드'의 성격을 같이 갖고 있다.

중국도 예외는 아니다. 480여 년간 중국인들의 밥상에 빼놓지 않고 오른 '밥도둑'이 있었으니 바로 류비쥐(六必居)에서 만든 장아찌와 된장이다. 중국인들이 된장이나 장아찌 하면 떠올리는 류비쥐는 1530년에 처음 문을 열었다. 중국 내에서도 타 지역 사람들이 베이징을 다녀오면 선물로 항상 고르는 것이 류비쥐의 장아찌다. 여수에 가면 돌산 갓김치를 먹고 강경에 가면 젓갈을 먹듯이 류비쥐는 베이징을 대표하는 반찬 가게다.

류비쥐 본점에는 손님들이 골고루 맛볼 수 있도록 견본으로 내놓은 장아찌가 있다. 손님들이 가게에 들렀다가 입맛에 맞는 걸로 몇 병씩 사가는 모습을 흔히 볼 수 있다. 류비쥐에서 사온 반찬 선물이 베이징 여행을 다녀온 상징이 된 것이다.

류비쥐의 된장과 장아찌는 베이징에 온 사람이라면 반드시 먹어봐야 하는 '베이징 토산품 6가지' 안에 드는 대표적인 식품이다. 1위는 류비쥐의 반찬이고 2위는 베이징 쑤탕(北京酥糖)이다. 쑤탕이란 실타래처럼 길게 늘인 엿에 콩고물, 쌀가루, 참깨가루 등을 입혀 바삭바삭하게 만든 과자다. 3위는 푸링빙(茯苓餅)이라고 불리는 떡이다. 푸

🏵 류비쥐 본점 전경

링은 소나무 뿌리에 동그란 덩어리 모양으로 기생하는 균류인데 단맛이 나는 약재다. 푸링은 비만이나 노인성 부종을 치료하는 데 특효약으로 쓰여 청나라 말기부터 황궁에서 즐겨 먹은 음식이다.

4위는 베이징 궈푸(北京果脯, 설탕절임 과일)이며 5위는 베이징 구이화천주(桂花陳酒)라고 불리는 술이다. 물푸레나무 꽃으로 만들어 냉수와 섞어 마시는 베이징 토속주다. 마지막으로 라오쯔하오인 다오샹춘의 월병(月餅)도 앞서 선정한 6가지 베이징 대표 특산품에 포함된다.

베이징의 맛을 대표하는 류비쥐의 식품들은 이미 일본, 캐나다, 호주, 싱가포르, 동남아시아, 미국과 유럽 등 10여 개국과 지역으로 수출을 통해 판매되고 있다. 1950년도만 해도 류비쥐의 식료품 연간 생산량은 10만 킬로그램이었지만, 2001년에는 2,000만 킬로그램으로 크게 늘었다. 즉, 류비쥐는 지난 400년간 생산량의 100배 이상을 늘려온 셈이다. 생산량이 늘어나면서 공장이 더 필요해졌다. 류비쥐는 1999년 베이징 남부에 약 100만 제곱미터 규모의 대형 종합식품공장을 세웠다. 세월이 흐르면서 회사도 실적을 쌓아갔다. 류비쥐의 매출은 매년 20퍼센트 이상 증가했고 2011년에는 수입이 3억 3,000만 위안에 달했다. 중국이 지난 30년간 연 10퍼센트 경제성장을 했던 점을 감안해도 성장률이 이를 훨씬 웃도는 것을 알 수 있다.

무조건 최상품으로 써라

류비쥐는 명나라 때인 1530년에 생겨난 대표적인 장수 기업이다. 류비쥐라는 브랜드명은 어떻게 붙게 되었을까? 문자 그대로의 의미는 '6가지(六)', '꼭 필요한 것(必)'과 관련된 '가게(居)'라는 의미다. 여기에는 여러 설이 있다. 첫 번째는 중국의 속담에서 유래했다는 것이다. 중국에는 "모든 가정이 문을 열고 아침을 맞이하면 7가지는 반드시 필요하니 바로 '①장작(연료), ②쌀, ③기름, ④소금, ⑤장, ⑥식초, ⑦차(茶)'다"라는 속담이 있다.

류비쥐를 처음 연 3형제가 있었으니 산시(山西) 지역에 살던 조존인(趙存仁), 조존의(趙存義), 조존예(趙存禮)였다. 이들은 일상생활에 꼭 필요한 7가지 물품 중에서 유일하게 차(茶)는 팔지 않았다고 전해진다. 그래서 7가지는 아니지만 '6가지 꼭 필요한 것을 파는 가게'라고 해서 '류비쥐'라는 이름이 붙었다는 것이다.

두 번째는 원래 류비쥐라는 이름이 아니라 '6개의 마음이 모인 가게'라는 뜻의 '류신쥐(六心居)'라는 이름이었다고 한다. 조(趙)씨네 3형제와 더불어 이들의 부인까지 포함해 6명의 마음이 모인 가게라는 뜻이다. 그런데 마음 심(心) 자가 반드시 필(必) 자와 모양이 비슷하다 보니 가게가 내려오는 과정에서 '심' 대신 '필'이 들어가게 되었다는 것이다.

세 번째가 가장 믿을 수 있는 정설로 인정된다. 여기에는 수백 년간 류비쥐 사람들이 지켜온 조상이 물려준 비법이 담겨 있다. 류비쥐의 성장 비결이 '6개의 규정이 반드시 살아 있는 집'이라는 의미라는 것이다. 류비쥐가 스스로 정한 '반드시 지켜야 할 6가지 필수 요소'는 다음과 같다. 반찬을 만들려면 6가지를 꼭 지키라는 가르침이다.

첫째, 반찬을 만들 때 들어가는 곡식은 무조건 최상품으로 써라. 둘째, 발효시킬 때 들어가는 누룩도 최상품으로 써야 한다. 셋째, 반찬을 담는 모든 그릇은 반드시 깨끗하게 해야 한다. 넷째, 액체를 담는 술병은 반드시 아름다워야 한다. 다섯째, 음식을 하는 데 들어가는 장작과 연료는 충분히 사용해야 한다. 여섯째, 물은 최상의 것을 사용해야 한다. 우직하게 6가지 신조를 '십계명'처럼 엄격하게 지켜온 류비쥐가 지금도 장사를 할 수 있는 비결은 고지식할 만큼 정직하게 지켜온 원칙 덕분이었다.

소중하게 보관한 편액의 질긴 생명력

류비쥐 본점 앞에는 '류비쥐'라고 쓰인 편액이 있다. 이 편액에는 숨은 뒷이야기가 있다. 명나라 때의 재상이자 명필인 엄숭(嚴嵩)과 연관된 이야기다. 엄숭은 술을 무척 좋아해 자주 하인을 시켜 베이징 다자란 거리에 있는 류비쥐에서 술을 사오게 했다. 이때만 해도 류비쥐가 반찬가게가 아니라 술을 빚어 파는 양조업을 하고 있던 때다. 워낙 자주 드나들다 보니 엄숭의 하인은 류비쥐의 주인과 친해졌다. 류비쥐의 주인은 엄숭에 대해 익히 들은 바가 있었다. 워낙 엄숭이 수집해놓은 글씨와 그림의 숫

● 류비쥐 편액

자가 많은데다가 글씨를 잘 써서 장안에서는 모르는 사람이 없는 유명인이었다.

류비쥐의 주인은 어느 날 엄숭의 하인에게 불쑥 부탁을 했다. 엄숭에

게 혹시 가게 이름을 써줄 수 없느냐고 물어봐달라는 것이었다. 하인은 자기 주인에게 부탁하기를 망설였다. 이런 상황을 전해들은 엄숭의 부인도 같이 고민에 빠졌다. 그래도 지위가 꽤 높은 재상인 남편에게 동네 구멍가게의 편액을 써달라는 말이 입에서 차마 떨어지지 않았던 것이다.

이때 부인의 영리한 하녀가 좋은 아이디어를 냈다. 엄숭 부인이 매일같이 '류비쥐'란 세 글자를 쓰는 연습을 하도록 한 것이다. 엄숭 부인은 그날부터 틈나는 대로 류비쥐란 글자를 써내려갔다. 그러던 어느 날 엄숭은 한창 붓글씨 연습에 몰두해 있는 부인을 보게 되었다. 엄숭이 보기에 부인의 글씨는 영 못마땅했다. 보다 못한 엄숭은 자신이 그 세 글자를 써주면서 본보기로 삼으라고 당부했다. 부인이 서툰 글씨로 깨작깨작 습작을 한 것은 사실상 엄숭의 글씨를 얻어내기 위한 것이었는데도 그는 자신의 귀중한 글씨를 넘겨주게 된 셈이다.

엄숭의 글씨는 부인과 하인을 통해 곧바로 류비쥐로 넘어갔다. 그의 글씨는 편액이 되어 류비쥐의 정문에 걸렸다. 엄숭의 낙관은 없었지만 많은 사람이 필체만으로 엄숭의 것임을 금방 알아보았다. 그의 글씨를 알아보고 찾아오는 손님들로 류비쥐의 장사도 번창하게 되었다. 귀하게 얻은 류비쥐 편액은 그 이후 여러 역사적인 사건 속에서 몇 번의 고비를 넘겼다.

1900년 의화단 사건으로 미국, 영국, 일본 등 8개국이 출병해 베이징을 점령한 일이 있었다. 이때 류비쥐 건물도 불에 탔다. 하지만 편액은 무사했다. 종업원 한 명이 불길 속에서도 편액을 잘 보관했기 때문이다.

전쟁이 끝나고 가게 문을 열었을 때 편액은 다시 가게 앞에 걸렸다.

대부분 라오쯔하오들은 전쟁을 겪거나 시대의 격변기에 어느 한순간 문을 닫은 적이 있다. 그러나 류비쥐는 이런 상황 속에서도 생산을 멈추지 않았다. 불에 타버리고 말 위기에서도 편액을 구해냈듯이 강한 생명력을 유지한 덕에 류비쥐는 1935년 중화민국 시절에 제품들은 세계 품질 경연대회에 내보내고 가치를 인정받았다. 생산품 전람회와 일본 나고야 국제박람회에 출품한 된장, 간장, 통조림 등이 모두 우수상을 받은 것이다.

류비쥐는 정상 궤도에 올랐지만 편액은 오히려 애물단지 취급을 받았다. '금박을 입힌 편액은 사치스럽다'는 이유로 류비쥐 대문 앞에 편액은 당당히 걸려 있지 못했던 순간도 있었다. 그러던 것을 180도 역전시킨 일화가 있었다. 바로 일본 전(前) 수상인 다나카 가쿠에이(田中角榮)가 중국을 방문하면서 계기가 마련된 것이다.

다나카 수상은 중국을 처음 방문할 당시에 류비쥐에 들러 야채 절임을 구입해 돌아갔다. 그 맛을 잊지 못했던 다나카 수상이 1972년 9월 중일(中日) 수교 협상차 다시 베이징을 방문하면서 류비쥐에서 먹었던 야채 절임을 떠올렸다. 저우언라이(周恩來) 총리와 만난 다나카 수상은 만찬 때 지나가는 말로 "류비쥐는 잘 있나요"라고 물으며 만년필로 손수 '류비쥐'라고 써서 통역관에게 보여주었다. 저우언라이 총리는 그 자리에서 "류비쥐는 아직도 있다"고 대답했다. 그리고 바로 다음 날 저우언라이 총리는 "류비쥐의 옛 편액을 내다 걸라"는 특별지시를 내렸다. 드디어 금박 글자의 편액이 다시 제자리를 찾게 되는 순간이었다.

물론 류비쥐는 겉으로 보이는 간판인 '편액'만 소중히 한 것이 아니었다. 라오쯔하오 중에서도 브랜드 가치에 특히 신경을 많이 쓴 기업이기도 하다. 류비쥐는 1996년부터 시작해 해외 10여 개국에 자신들의 브랜드를 상표 등록해두는 꼼꼼함을 보였다. 해외로 수출하기 앞서 브랜드를 확립하기 위한 밑바탕이기 때문이다.

류비쥐는 자신의 브랜드만을 위해서가 아니라 다른 중국 내 기업들을 위해서도 '마중물'을 부었다. 류비쥐는 베이징시 정부와 함께 라오쯔하오의 해외 상표등록을 추진해 지적재산권 보호에 나섰다. 베이징시 상무국이 유엔(UN) 지적재산권 기구를 찾아 상표의 국제 등록에 관한 '마드리드협정'을 체결할 때 류비쥐가 협정 체결의 선두주자로 나섰던 것이다.

건강을 생각한 저염도 장아찌로 승부하다

현재 류비쥐를 이끌고 있는 사람은 장이민(張毅民) 총책임자다. 그는 가난한 농민의 아들로 태어나 줄곧 음식료 업계에서 일해왔다. 이런 까닭에 장이민은 식품계의 '총아'로 불린다. 그는 중국 전통 식품 처우더우푸(臭豆腐, 삭힌 두부로 그 냄새가 고약하고 멀리 퍼지지만 중국인들이 매우 좋아하는 음식)의 본가인 왕즈허(王致和)에서 20년 동안 일했다. 그 이후 2000년대 초반부터는 비슷한 업종이자 라오쯔하오인 류비쥐로 자리를 옮겼다. 그의 생각은 단순했다. '작은 반찬 한 접시'로 명예의 전당에 오르자는 결심이었다.

그는 류비쥐로 자리를 옮기면서 몇 가지 원칙을 정했다. 우선 자만해서는 안 된다는 것이었다. 라오쯔하오는 대개 국가에서 지켜주고 보전해주기 때문에 '황금 간판'이라는 별칭이 있다. 하지만 오래된 가게가 반드시 오래도록 살아남는다는 보장은 없다. 특히 류비쥐의 식품에도 한계가 있었다. 사실 장아찌와 짠지, 된장 등은 결국 밑반찬이거나 장류다. 따라서 판매량을 극적으로 늘리기는 결코 쉽지 않다. 주식이 아닌데다가 밥과 같이 먹지 않으면 안 되는 짠맛이 강하기 때문에 자칫 소비자들이 외면할 수도 있다. 장이민은 이런 점에 주목했다.

원래대로라면 류비쥐는 전통적인 공법을 이어왔어야 했다. 하지만 현재의 기준에서 보면 재료를 있는 그대로 넣으면 감칠맛은 나지만 아주 짜서 건강에 오히려 해가 될 수 있었다. 류비쥐는 장아찌라는 음식의 기본으로 돌아가기로 했다.

사실 장아찌의 장점은 원재료의 맛을 지키면서도 익히지 않고 먹을 수 있도록 한 것이다. 채소를 장에 그대로 절이기 때문에 열을 가해 비타민

이 손실되는 것을 막을 수 있고 날것으로 먹을 때보다 비타민 B나 D의 함량이 높다. 또 장아찌를 숙성시키는 과정에서 소화·흡수되기 쉬운 형태로 변하기 때문에 체내에 영양소 흡수율이 높아

◉ 류비쥐에 전시되어 있는 장아찌들

진다는 것이 장점이다. 장 성분이 채소와 함께 숙성되기 때문에 독특한 향과 맛이 난다. 하지만 염도가 높으면 오히려 체액의 소화 대사율이 떨어지므로 저염(低鹽)으로 숙성시켜 먹어야 한다. 류비쥐도 이 같은 점에 착안했다.

류비쥐는 염도는 낮추고 효소를 더 많이 넣는 새로운 방식을 도입했다. 이 공법을 도입하면서 소금을 덜 넣게 되어 염도는 낮아졌고 색깔도 과히 진하지 않게 되었다. 또 장아찌 자체에 대한 인식도 크게 개선되었다. '장아찌는 먹을 때 맛은 있지만 고염도라 건강에 해롭다'는 고정관념 대신에 저염도의 건강한 음식이라는 이미지를 갖게 되었다. 이제는 100여 종에 달하는 '짜지 않은' 장아찌들이 인기를 얻고 있다. 류비쥐에서 가장 유명한 절임들은 묽은 장, 단맛이 나는 당근 절임, 설탕에 절인 마늘 등이다. 500여 년의 역사 속에서 반찬이라고 해서 대충 만들지 않는 것이 류비쥐의 신조였다.

류비쥐에서 만드는 제품들은 '절임의 여왕'이라는 별명을 갖고 있다. 된장과 간장이 소스의 가장 기본인 재료가 된다. 류비쥐의 소스는 적당하게 버터 맛이 감돌면서도 달콤하고 선명한 향기가 특색이다. 풍부한 맛 덕에 류비쥐의 장아찌는 청나라 황실 궁정 제품으로 선정된 적이 있다.

여기에 야채 종류도 다양하다. 무, 오이, 양배추, 가지, 연근, 호두, 생강, 마늘, 미나리 등이 주로 쓰인다. 특히 중국 음식에 빼놓지 않고 들어가는 샹차이(香菜, 고수풀)도 류비쥐에서 없어선 안 될 재료다. 샹차이는 외국인들에게는 다소 낯설고 먹기 어려운 향신료이지만, 중국을 비롯한 동남아시아에서는 약방의 감초처럼 들어가는 식재료다. 견과류인 아몬드와 땅콩도 장아찌의 단골 주재료다. 또 중국이 원산지인 무시(木犀)라고도 불리는 풀로 담근 식품도 있다. '중국콩'으로 알려져 있는 장더우(豇豆)도 장아찌로 만들어진다. 팥과 비슷하게 생겼지만 약간 길쭉한 모양의 이 콩은 위장을 튼튼히 하고 혈액 순환을 촉진시키며 당뇨병 등에도 효과가 있다고 알려져 있다.

장이민은 경영관리 면에서 엄격함을 요구했다. 사실 포장이나 유통이 발달하기 어려웠던 과거에도 류비쥐는 제품 판매에서 엄격했다. 일례로 명나라 때 류비쥐에서 만든 팔보채 장아찌에서 공정이 하나 누락된 채 만들어진 적이 있었다. 평소와 조금 달랐지만 크게 하자가 없는 제품을 보고 손님은 값을 조금 깎아주면 그대로 사가겠다고 했다. 하지만 류비쥐에서는 그럴 수 없다며 만들었던 팔보채 장아찌를 전부 수거해 폐기처분했다. 이 일화를 들은 명나라 조정에서는 류비쥐를 황궁에 반찬을 공급하는 업체로 지정했다. 현대적인 개념으로 봐도 음식에 대한 위생 개념이 확실했으며 신뢰 경영에 준하는 방침을 지킨 사례로 평가된다.

중국 식품업계에서 고질적인 문제로 지적되어온 것이 바로 '먹을거리 안전'이다. 아무리 강조해도 지나치지 않을 안전에 대한 가치는 류비쥐가 지켜온 전통에도 잘 맞고 현대에 와서도 유효한 개념이다. 물론 염장 식품이기 때문에 경우에 따라서는 원재료가 그다지 신선하지 않더라도 발효가 된 상태에서는 소비자의 눈에는 띄지 않을 수도 있다. 그렇지만 류비쥐는 안일한 생각을 버렸다. 1988년부터 본격적으로 현대화된 공정을 도입하기 시작한 류비쥐에서는 옛날에 쓰던 장독 대신 위생 상태가 좋은 현대적인 시설에서 장아찌를 생산하기에 이르렀다.

류비쥐가 관심 있어 하는 분야가 하나 더 있다. 바로 술이다. 류비쥐는 베이징 홍싱얼궈터우술공장(紅星二鍋頭酒廠)과 함께 술을 생산할 계획도 갖고 있다. 홍싱얼궈터우는 도수가 68도나 되는 독주 중의 독주다. 얼궈터우라는 이름은 머리가 두 쪽으로 갈라질만큼 얼얼하다고 해서 붙여진 이름이다. 이름은 다소 무시무시하지만 얼궈터우가 중국인들에게 주는 이미지는 친근하고 서민적인 술이다. 한국에서 직장인들이 일이 끝나고 소주 한 잔을 기울이듯 자연스럽게 마시는 술로 각인되어 있다.

술과 장아찌. 둘의 DNA는 비슷하다면 비슷하다. 과거에 류비쥐가 술을 만들었던 양조회사였던 경험도 살릴 수 있는데다 술 담그는 것과 장아찌를 만드는 것은 서로 유사한 점이 많다. 장아찌에 기본적으로 술 지게미가 들어가는데, 장아찌를 만들 때도 술을 담글 때도 발효 과학이 적용된다. 두 브랜드가 가진 또 하나의 공통점은 홍싱얼궈터우 술과 류비쥐를 만든 이들이 모두 성이 조(趙)씨라는 점, 그리고 이들의 출신이 산시(山西) 지방으로 같다는 점이다. 다른 듯 닮은 술과 장아찌. 각 분야에서 어떻게 시너지 효과를 낼지가 류비쥐가 풀어야 할 숙제다.

아들딸에게 물려주지 않는다

류비쥐에는 경영상에 주목할 만한 규정이 있다. 바로 아들과 딸 등에게 대물림을 하지 않는다는 원칙이다. 류비쥐의 창립 규정 2조는 '불용삼야(不用三爺)'다. 즉, '삼야'를 쓰지 않는다는 것인데, 삼야는 세 가지 '야'가 들어가는 명칭이다.

첫째, 창업주의 아들 등 직계 비속을 뜻하는 '사오예([少爺, 소야], 직원들에게는 사장님의 아들이기 때문에 도련님에 해당한다)'이고, 둘째, 사위를 의미하는 '구예([姑爺, 고야])'이며, 마지막으로는 외삼촌과 처남 등을 의미하는 '주예([舅爺, 구야])'를 말한다. 한마디로 처가는 물론이고 자신의 자식까지도 회사 안에 들여서는 안 된다는 원칙이다. 그래서 류비쥐는 후계자는 반드시 직원 가운데에서 선발한다. 기업을 운영할 때 자기 가족에게는 아무래도 정이 많이 가게 마련이고 그러다 보면 중요한 판단을 내릴 때 자칫 사리사욕에 따라 결정을 내릴 수도 있다. 기업의 원칙 자체가 흐려질 수도 있는 가능성을 아예 차단하는 방안으로 직원 중에서 후계자를 정하기로 한 것으로 볼 수 있다.

이런 모습은 우리나라 기업들에서는 찾아보기 어렵다. 자신의 아들이나 딸에게 대물림을 하기 위해 각종 불법적인 수단을 동원해서 족벌 체제를 만드는 우리나라 기업들과는 대조되는 모습이다. 대표적으로 대기업 회장들은 아들과 손자에게 기업을 물려주기 위해서 미리 세습을 위한 지분 정리를 하는 경우가 많은데 류비쥐에는 해당 사항이 없는 이야기다.

이처럼 류비쥐는 '불용삼야'를 철저히 지킨다는 의미로 후계자를 반드시 직원 중에서 골랐다는 전통이 특징적이다. 은행으로 따지면 말단 행원이라도 능력을 인정받아 착실히 걸어오면 언젠가는 행장이 될 수 있다는 의미다. 그래서 종업원들은 자신에게도 기회가 찾아올 것이라는 희망을 갖고 일할 수 있었다.

류비쮜는 내부 규율은 엄격하게 지키는 대신 종업원에 대한 처우를 최상으로 했다. 이런 독특한 인사 원칙은 중국 기업들에는 서바이벌 전략처럼 받아들여지고 있다. 오랜 전통을 그대로 이어받아 류비쮜는 계승인을 지정해 가게를 이어오고 있다. 18대 계승인인 장이민 총책임자가 10여 년 넘게 이끌어 오고 있는데, 류비쮜에서 일하는 2,000여 명의 직원 중에서도 이제 장이민 총책임자 못지않은 실력자가 나와 류비쮜의 전통을 잇게 될 것으로 기대된다.

평범한 삶에서
큰 뜻을 키운다

바이주 명가 우량예
1140년~

바이주 시장의 트로이카, 우궈수이(五國水)

중국에서 가장 장수하고 있는 가게는 어디일까? 힌트는 중국은 '술의 나라'라는 것이다. 중국 13억 인구 중에서 무려 8억 명이 술을 마신다는 통계가 있을 정도이니까 말이다. 장수 기업 브랜드를 연구해온 서울대학교 조동성 교수의 설명에 따르면 중국의 최장수 가게는 바로 술의 일종인 바이주(白酒)를 만드는 '우량예(五糧液)'라고 전해진다.

바이주란 '화이트 스피릿(white spirit)'이라고도 불리는데, 색깔이 무색투명하기 때문에 바이주라는 이름이 붙었다. 보드카, 럼, 테킬라, 바카디 등이 화이트 스피릿에 속한다. 바이주는 우리나라에서는 고량주라고도 불린다. 왜 고량주일까? 바로 고량주가 수수(高粱)를 가지고 만들었기 때문이다. 우량예도 고급 고량주의 일종으로 수수가 들어가는 것은 물론 여

러 가지 한약재 등 다양한 부재료를
넣고 숙성시킨 뒤 증류해서 만든다.

우량예 브랜드 로고. 가운데 쓰인 W는
우량예(Wu liang ye)의 앞 글자 이니셜
이다.

우량예는 한자로 오량액(五糧液)
이다. 이름이 오량액인 이유는 술을
만들 때 쌀, 수수, 옥수수, 찹쌀, 밀
의 5가지 곡식이 들어가기 때문이
다. 처음부터 우량예가 5가지 곡식
으로 만들어진 것은 아니었다. 애초에는 여러 곡식을 섞어 만들어서 '잡
량주(雜糧酒)'라고 불렸지만 약 500년 전부터는 재료가 5가지 곡식으로
고정되어 명칭도 우량예로 굳어지게 되었다.

중국은 그야말로 술의 나라다. 특히 바이주는 중국의 전통술로 오랫동
안 그리고 현재도 인기를 누리고 있다. 중국에서 한 해 팔리는 바이주만
해도 우리 돈 25조 원에 달한다고 한다. 이를 소주병으로 계산해보면 무
려 100억 병을 거뜬히 넘는다고 하니 탄성이 절로 나온다.

2012년 한국의 대표적인 소주 브랜드인 참이슬이 14년 만에 누적
200억 병 판매를 돌파했다고 발표했는데, 중국에서는 한 해에만 100억
병 가까운 술이 팔리고 있으니 말이다. 그중에서도 우량예는 중국에서
증류주 가운데에서도 가장 판매량이 많은 것으로 알려져 있다.

중국양주공업협회와 중국주류유통협회 등에 따르면 중국에서 바이주
를 생산하는 기업은 1만 8,000여 개나 된다. 거의 2만 곳에 육박하는 바
이주 기업들이 생산하는 술 브랜드만 3만여 개에 달한다. 술독 하나만

가지고도 작은 규모이지만 술을 생산해서 가족기업을 꾸리는 경우도 기업으로 불리고 있으니 말이다. 이렇게 술의 종류가 많기는 하지만 사람들 머릿속에 남아 있는 술은 그리 많지 않다. 여러 술을 제치고 우량예는 중국의 최장수 기업인 동시에 중국에서 가장 유명한 술 브랜드로 평가받는다.

우량예는 '10대 명주' 안에 들어간다. 중국 10대 명주는 마오타이(茅台), 우량예(五粮液), 수이징팡(水井坊), 랑주(郎酒), 양허다취(洋河大曲), 궈자오(國窖), 젠난춘(劍南春), 퉈파이(沱牌), 싱화춘(杏花村), 구징궁(古井貢)이다. 보통 중국에서 유명한 술 브랜드를 꼽으라고 하면 마오쩌둥(毛澤東)이 즐겨 마셨다는 마오타이를 먼저 든다. 중국 브랜드 연구소가 2007년에 발표한 '100대 전통 브랜드 순위'에 따르면 마오타이는 브랜드 가치 1위를 차지했다.

하지만 우량예도 그 못지않은 인기를 누려왔다. 최고급 바이주 시장에서는 '우궈수이(五國水)' 3파전으로 보면 된다. '우궈수이'란 우량예의 우(五), 궈자오의 궈(國), 수이징팡의 수이(水)의 앞 글자를 따서 부르는 이름이다. 이 중 우량예는 중국인들이 즐겨 마시는 술 중에서 가장 먼저 생겨나 오랜 역사를 자랑하는 양조회사다.

이빈의 술은 목숨을 걸고서라도 마셔야 한다

우량예는 지금부터 800여 년 전인 1140년, 중국 서남부 변방 쓰촨성(四川省) 이빈(宜賓)이란 마을에서 시작되었다. 요(姚)라는 성을 가진 가족이 처음 우량예를 빚은 것으로 알려져 있다. 우량예가 탄생한 고장은 쓰촨성인데, 쓰촨성은 중국 전체 술 생산량의 20퍼센트 이상을 차지하는 명실상부한 '술의 고향(酒鄕)'이다.

쓰촨성은 중국 8대 바이주 중에서 네 종류가 여기서 나왔을 정도로 술과 뗄래야 뗄 수 없는 곳이다. 쓰촨성에는 두장옌(都江堰)이라는 지역이 있는데, 이곳에 고대 수리 시설이 있어 좋은 물이 풍부했다. 두장옌은 세계문화유산으로도 지정된 곳으로 농민을 위한 수리 시설이자 일종의 댐이다. 특히 우량예의 고장인 이빈은 길이가 6,300킬로미터로 중국에서 가장 긴 양쯔강(揚子江, 長江으로도 불림)이 시작하는 발원지로 지도상에도 표시가 되어 있는 지점이다. 우량예는 진사강(金沙江)과 민강(岷江)이 만나는 이빈에 있다. 지도상에서 양쯔강이라는 표시도 이빈에서 시작된다.

중국인들의 젖줄 중 하나인 양쯔강에서 떠온 물로 빚은 술이니 우량예는 명주의 조건인 '물'은 일단 합격점을 받았다. 또 쓰촨성에는 해발 1,500미터가 넘는 높은 산도 많아 산 속 천연 동굴에서 술을 발효시키기 딱 좋은 자연환경이 형성되어 있다. 천연 와인셀러(wine cellar)의 역할을 하는 셈이다. 그리고 마지막으로는 술과 어울리는 향토 음식에 있다. 쓰촨성의 맵고 자극적인 음식과 잘 어울리는 술이 바이주라는 점도 '바이주 고향'이 왜 쓰촨성인지 그 이유를 알 수 있게 해준다.

우량예는 알코올 도수 하면 누구에게도 뒤지지 않을 만큼 화끈함(?)을 자랑한다. 우량예의 알코올 도수는 30~68도로 종류가 제법 다양하지만 적어도 우리나라의 소주처럼 20도대가 없다. 중국인들은 독한 바이주에 길들여져 있다 보니 소주를 마시면 아주 순해서 "이것은 술도 아니다, 어떻게 마시는지 모르겠다, 맹맹하다"는 반응이 나온다. 중국인들에게는 쓰촨성의 맵고 강렬한 음식과 불이 타오르는 듯한 우량예가 '찰떡궁합'이다.

우량예의 고향인 이빈은 본디 옛날부터 다양한 소수민족이 한데 어울려 살아 술도 다양했다. 각자 취향에 맞게 여러 종류의 술을 빚어 술이 향긋하게 익어가던 마을이었다. 술이 정말 맛있어서 "이빈의 술은 목숨을 걸고서라도 마셔야 한다"는 고사성어가 있을 정도다. 800여 년 전 역사를 그대로 물려받아 우량예도 본사가 양쯔강 제1성인 쓰촨성 이빈시에 여전히 있다.

두보가 작명한 술, 춘주

바이주는 수천 년간 이어져온 중국의 양조기술과 술을 좋아하는 중국인들의 기호가 결합되어 만들어진 유산이다. 바이주는 고량(高粱), 즉 수수 등의 곡류나 잡곡류를 재료로 해서 만든 증류주다. 우리가 일반적으로 중국집에서 배갈(白干, 바이간) 즉, 고량주라고 부르는 중국 술은 대부분 바이주를 가리킨다. 한 가족의 작은 양조장에서 시작한 우량예가 어떻게 중국인들이 선망하는 '귀하신' 술이 되었을까?

진나라 전부터 있었던 요족(瑤族)들은 그 당시부터 청주를 빚어 마셨다. 진한시대에는 다른 소수민족인 묘족(苗族)들이 야생에서 자라는 빨간 과

일들로 과실주를 빚었다는 기록이 전해져 내려온다. 이런 술들이 소수민족들이 이빈 지역에서 만든 술의 모태가 되었다. 남북조 시대(420~589)에는 이족(彝族)들이 밀, 보리, 쌀 등으로 혼합주를 빚으면서 새로운 형태의 술을 창조해냈다. 이 술은 누룩을 섞은 곡식 원료를 항아리에 넣고 진흙으로 발라서 밀봉한 뒤에 풀로 덮어 발효시킨다. 통에 넣고 10일 정도 숙성시킨 뒤에 술을 마실 때는 덮어두었던 진흙 덮개를 열어젖히고 물을 다시 부은 뒤 대나무 빨대를 이용해 술을 들이마신다. 다 마시고 나면 남은 재료에 물을 다시 부어 술이 남지 않을 때까지 이것을 반복해서 마실 수 있다.

중국의 양조 역사는 이처럼 선진시대까지 거슬러 올라갈 수 있지만 순수하게 곡식으로 술을 빚어 지금과 유사한 술을 마셔온 역사는 역시 당나라 때부터라고 봐야 한다. 우량예가 만드는 술 중에는 중국 당나라를 대표하는 시성(詩聖)으로 추앙받는 두보가 작명한 술도 있다. 그가 지은 시구 하나로 우량예는 술 이름을 얻는 영광을 누리게 된 것이다. 765년 봄, 쪽배를 타고 고향으로 내려가던 두보는 당시 룽저우(戎州) 자사를 지낸 양 씨의 초대를 받고 이빈 지역에 들렀다. 그는 연회에서 술꾼들이 흥겹게 노는 모습을 보고 그 자리에서 즉흥시 하나를 읊었다.

"(여인들이 일어나 주인에게) 짙푸른 중벽 춘주를 올리고 가는 손으로는 붉은 여지 열매를 까네(重碧拈春酒 輕紅擘荔枝)"라는 시구다. 여기서 이야기하는 여지는 이빈의 특산품인 리즈다. 리즈는 보통 중국집에서 후식으로 많이 나오는 달콤한 맛의 과일이다. 껍질은 울퉁불퉁하며 괴상하게 생겼지만 껍질을 까보면 과육은 부드럽고 연하다. 반투명한 속살 안에 보면 노란색 과육이 같이 들어 있는데 양귀비가 즐겨 먹었던 과일이라고 전해진다.

당시에는 네 가지 곡식으로 빚은 술인 춘주가 유행했는데, 두보의 이 시구 하나로 인해 이때부터 '춘주'는 시구에 나오는 중벽이란 문구를 겸해서 '중벽주(重碧酒)'라고도 불리게 되었다. 두보의 시에 나온 '춘주'는 지금도 우량예에서 생산되고 있다. 600여 년 역사를 가지고 있는 '우량 춘주'는 향이 오래가고 시원한 맛이 나며 끝 맛이 깨끗하다는 평가를 받고 있다.

송나라 시대(960~1279)에 들어서면 우량예의 원조를 만날 수 있다. 이 빈시에 사는 요씨 집안은 뼈대 있는 술도가(술을 만들어 도매하는 집)로 유명했다. 우량예는 좋은 물을 쓰고 좀더 시간을 들여 술을 숙성시키는 것을 원칙으로 삼았다. 요씨 가족은 우량예를 빚는 데 쓰는 물은 그 지역을 흐르는 민강의 심장부에서 퍼왔다. 심장부에서 왔다고 해서 이 물은 민강 장신수이(江心水)라고 불렸다.

누룩은 밀로 만든 것을 썼으며 누룩균을 배양하는 데도 40일이 꼬박 걸렸다. 다른 술이 30일인 것에 비하면 열흘 더 긴 시간을 기다렸다. 구덩이에서 발효시키는 과정만도 70~90일이 걸렸다.

또 술을 빚는 데 중요한 것 중 하나가 항아리였다. 항아리가 변하면 술 맛이 변하기 쉬웠기 때문이다. 곰탕집도 곰국을 끓이던 솥 하나를 놓고 치열한 신경전을 벌이는 것처럼 전통을 중시하는 술도가에는 항아리가 생명이었다. 우량예가 사용하던 술독은 국보급 문화재라는 칭호를 얻기도 했다. 2005년 중국 국가 박물관은 전통술 기업인 우량예의 술독 하나를 국보급 문화재로 인정했는데, 그것은 바로 명나라 시대부터 내려왔던 오래된 술독이다. 언론들은 "황금보다 귀중한 흙 항아리였다"고 보도했다.

명나라 초기인 1368년에 들어 또 다른 이빈 사람인 진씨 일가가 요씨네 비법과 유사한 방식을 물려받아 술을 빚었다. '진씨 비법(陳氏秘法)'으로 불리는 이 술 빚기 방법은 '잡량주(雜糧酒)'라는 방식으로 불렸다. 여러 곡식을 섞어서 만들었기 때문에 잡량이란 이름이 붙은 것이다. 요씨 비법에서 진씨 비법으로 업그레이드가 된 술 빚는 방식이 우량예를 형성하는 중요한 포인트가 되었다.

1909년 진씨네 비법을 다시 전수받은 덩쯔쥔(鄧子均)이란 사람이 술을 만들어 어느 잔치에 가지고 갔다. 이때 선비 양후이취안(楊惠泉)이 이것을 마셔보고는 "이렇게 좋은 술을 잡량주라고 하는 것은 정말 아깝다. 이 술은 5가지 곡식의 진수를 모은 것이기 때문에 마땅히 우량예라고 불러야 한다"고 말했다. 드디어 양후이취안 덕분에 우량예라는 이름이 세상에 빛을 보게 되었다.

명나라 때부터 전해 내려오던 옛 술도가는 600곳 이상 있었지만 1950년대 초에는 여러 양조장이 하나로 묶여 쓰촨성 이빈 양조공장이 세워졌다. 1959년에는 이 공장이 우량예 양조공장으로 이름을 바꾸었다. 우량예 공장을 가보면 약 4킬로미터(10리)를 가도 술 공장이기 때문에 '십리주성(十里酒城)'이라는 말이 나온다.

🔵 장쩌민은 우량예를 시찰하면서 "우량예라는 국 가 브랜드를 잘 보호해야 한다"라고 지시했다.

우량예는 바이주 브랜드를 넘어서 이제 중국인의 상징 으로 자리 잡고 있다. 1999년 4월 18일 장쩌민(江澤民) 당 시 국가주석이 우량예를 시 찰하면서 "우량예라는 국가 브랜드를 잘 보호해야 한다" 라고 당부했다. 2003년 5월 11일 후진타오(胡錦濤) 당시 국가주석도 우량예를 방문해 "우량예는 아 주 희망이 있다"라고 말했다고 전해진다.

하지만 역시 우량예의 진정한 애호가는 중국에서 개혁개방의 상징으 로 불리는 정치 지도자 덩샤오핑(鄧小平)이다. 그는 도수가 매우 높고 독 하지만 맛이 부드럽고 묘하게 뒤끝이 없는 우량예를 좋아했다. 미국 전 대통령이자 정치인이며 사회운동가인 지미 카터가 중국을 방문했을 당 시 덩샤오핑이 만찬 자리에서 우량예를 내놓아서 세계적으로 알려지게 되었다.

우량예에 불황은 없다

우량예는 술을 만드는 일을 주업으로 하고 있다. 술 생산이 주종이지 만 제약업, 자동차 부품업, 합성수지 가공, 각종 모형 제조, 전자 기자재, 운송, 대외무역 등 사업을 다각화하고 있다.

30여 년간 매년 10퍼센트씩 성장하던 중국이 성장률을 7퍼센트 대로 낮추는 등 중국의 경기 둔화가 이어지고 있어 2012년 많은 기업이 실적 부진을 겪었다. 그러나 바이주 기업들은 조용히 성장세를 지속하고 있다. 중국 완덴(滿點) 컨설팅에 따르면 2012년 중국 4대 바이주 기업인 마오타이, 우량예, 양허다취, 루저우라오자오(瀘州老窖, 궈자오를 만드는 기업)의 평균 수익률이 1~3분기 66퍼센트에 달했다는 통계도 있다. 우량예는 바이주를 비롯한 사업 각 부문에서 꾸준히 매출을 늘려왔다.

2005년 우량예에서 나온 술은 총 14만 톤이 판매되었으며, 이를 통해 매출 64억 위안을 올렸다. 매출 1조 원(64억 위안) 중에서 고가 주류의 매출이 31억 위안이었다(전체 매출의 48퍼센트). 매출에서는 비중이 절반이 안 되었지만 이윤 기여도는 65퍼센트에 달했다.

중국에서 고가 주류라고 하면 보통 70위안 이상의 상품이 포함된다. 우리나라 돈으로 1만 원 주류가 고가에 들어간다니 고개가 갸웃거려지지만, 중국인들의 월급 수준을 감안해볼 필요가 있다. 중국 칭다오의 젊은 직장인의 한 달 월급은 약 3,000위안(약 54만 원) 수준으로 알려져 있다. 《베이징천보(北京晨報)》에 따르면 2012년 중국 도시 블루칼라 생활 보고서에서 블루칼라의 평균 월급은 2,684위안으로 50만 원이 채 못 되는 것으로 조사되었다. 우리나라 돈으로 월급을 50만 원 수준으로 받고 있기 때문에 1만 원짜리 술이라도 결코 싼 것은 아닌 셈이다.

2005년 1조 원의 주류 매출을 올리던 우량예는 2012년 4조 원에 가까운 매출을 올리게 되었다. 우량예 실적보고서에 따르면 2012년 1~3

분기 바이주 부문에서 211억 위안(약 3조 8,000억 원)의 매출을 기록했다. 같은 기간 우량예가 거둔 순이익은 78억 200만 위안으로 전년 동기 대비 61.9퍼센트가 늘었다.

우량예의 술 부문을 비롯해 포장 부문 등 기타 자회사까지 합친 우량예의 매출 성장도 괄목할 만하다. 자동차 부품 등을 모두 포함한 우량예는 2008년에는 300억 위안의 매출을 올리고 영업이익이 60억 위안을 달성해 쓰촨성 내에서 최대의 공업기업으로 자리매김했다. 2009년 기준으로는 매출 350억 위안을 달성했다. 매출은 2012년 600억 위안까지 올라서서 2008년의 2배가 되었고, 이익은 200억 위안으로 2008년의 3배 넘게 뛰었을 것으로 조사되었다.

우량예가 품질에 목숨을 건 까닭

우량예에 대해서는 이런 속담이 전해져 온다. "사람 중에 으뜸은 황제(皇帝)이고 강(江) 중에 으뜸은 '이빈(宜賓)'이고 시(詩)에서 으뜸은 '이백과 두보(李杜)'이며 술 중의 으뜸은 '우량예'일세." 굳이 속담을 들지 않더라도 해외에서도 중국 내에서도 우량예는 가치를 인정받고 있다. 2008년 《월스트리트저널》은 '세계에서 가장 가치 있는 브랜드' 중 하나로 우량예를 꼽았는데, 주류 분야에서는 유일하게 선정된 것이다.

중국 자체에서 평가한 우량예의 가치는 더 높다. 2010년 중국 주류 유통협회에서 중화 브랜드 전략 연구소와 공동 주관으로 한 조사에서 우량예는 전체 500위에서 20위를 차지했고 그 가치는 595억 위안에 달했다. 또 2012년 7월 30일에는 '중국 상장 기업에서 투자할 가치 있는 기업'으로 우량예가 7위에 올라서는 기염을 토했다.

중국의 《신징보(新京報)》는 중국을 대표하는 명주인 우량예가 명품 핸드백 등으로 잘 알려진 프랑스 럭셔리 브랜드 루이뷔통과 함께 세계 10대 럭셔리 상품으로 선정되었다고 발표한 바 있다. 우량예의 브랜드는 술이 익을수록 맛을 깊게 하듯이 800여 년 넘게 장수했던 시간이 헛되지 않게 가치를 인정받고 있다. 2012년 기준 우량예의 브랜드 가치는 이미 500억 위안을 돌파했다. 우리 돈 9조 원이다.

2007년 중국판 포브스인 후룬(胡潤) 리포트 순위에서는 우량예의 브랜드 가치가 237억 위안(12위), 2008년에는 265억 위안(13위), 2010년 300억 위안(15위), 2011년 480억 위안(14위), 2012년 500억 위안(14위)으로 각각 집계되었다. 순위는 다소 기복이 있었지만 2009년에 브랜드 가치가 180억 위안으로 다소 꺾였던 것을 제외하면 우량예의 브랜드 가치는 몇 년 동안 15위권 안팎에 랭크되고 있다. 또 다른 명주인 마오타이는 같은 기간 브랜드 가치가 740억 위안으로 9위를 차지했다.

그런 우량예가 가치를 유지하기 위해 하는 활동은 품질에 목숨을 거는 일이다. 우량예가 품질에 사활을 거는 이유는 바이주 시장에서 워낙 브랜드 경쟁이 치열하기 때문이다. 현재 바이주 시장에서는 다른 기업간에서도, 한 기업 내에서도 서로 다른 제품 간에 경쟁이 갈수록 치열해지고 있다. 이른바 시장의 카니발라이제이션(carnivalization)이다. 하나의 술이 나오면 다른 술은 도태되는 결과가 나오는 것이다. 그래서 때로는 바이주 기업은 허위 광고를 만들어 소비자들을 속이기도 한다. 자기가 살려면 다른 기업이 죽어야 하기 때문이다. 그 결과, 바이주 업계에서도 도산하는 기업들이 속출했고 이런 무한 경쟁이 진행 중이다.

하지만 이런 무한 경쟁에서 남는 것은 없고 소비자의 신뢰만 잃을 뿐이었다. 바이주의 맏형으로서 우량예는 이런 문제점을 극복하지 않으면 안 되었다. 결국 우량예는 특단의 조치를 취했다. 우선 우량예는 포장을 위조 방지용 포장으로 바꾸었다. 진품 우량예는 병 뚜껑 종이에 새겨진 국화(菊花) 문양으로 알아볼 수 있게 했다. 소비자와의 신뢰를 지키고 산업의 가치를 높이자는 취지였다. 품질을 높이기 위해서 몇 년간 식품 안전을 위한 개선 작업을 병행한 것은 물론이다. 그 일환으로 액체가 이동하는 관(파이프)을 전부 녹슬지 않는 관으로 교체하는 작업에만 3,400만 위안을 쏟아부었다.

'한 잔 비워' 술, '다 잘될 거야' 술

사람들 사이에서 술을 두고 하는 농담이 있다. 기분 좋으면 마시는 술은 맥주, 슬플 때 마시는 술은 소주라고 한다. 그래서 감정이 풍부한 한국인들은 기쁘고 슬픈 일이 많아서 소주와 맥주를 섞은 폭탄주를 마신다고 한다.

한국인들이 폭탄주 한 잔에 기쁘고 슬픈 일을 담아 마시듯이 중국인들의 술 한 잔에도 사람들의 인지상정이 담겨 있다. 우량예는 술을 사랑하는 중국에서 단순히 술 이상의 의미를 갖는다. 수천 년간 이어져온 중국 문명의 역사 속에서 우량예는 빠지지 않고 등장해왔고 사랑을 받았다. 우량예가 사랑받는 이유는 과하지도 모자라지도 않은 '중용'의 맛을 지키고 있기 때문이다. '맑지만 가볍지 않다', '달지만 지나치게 달달하지 않으며 매운 맛도 있지만 그렇다고 아주 심하지 않다'는 평가가 지배적이다.

우량예는 중국인들의 삶에 밀착되기 위해 술마다 그때그때 맞는 이름을 붙였다. 시리즈 이름이 붙는 카테고리는 각양각색이다. 축제, 사랑, 계절, 하늘과 땅, 비즈니스 전용, 건배, 가족, 친구, 축복 등 사람들의 희로애락이 담기는 순간을 이름으로 삼았다.

사람들은 가까운 이들과 모여 한 해를 보내며 좋은 일에는 축하를 하고 슬픈 일에는 서로 위로를 한다. 이때 빠지지 않는 것이 술이다. 새해를 맞이할 때, 식사를 하면서, 연회를 가지면서 모든 상황에 맞는 술이 있기 마련이다. 우량예는 술 이름을 그에 맞게 지었다. '모든 일이 잘되라는 뜻'의 술 시리즈(萬事如意酒系列), '한 잔 비워' 술 시리즈(干一杯酒系列), '온 집안에 잔치 벌이자' 술 시리즈(百家宴酒酒系列), '복과 기쁨이 문으로 들어오는' 술 시리즈(福喜迎門酒系列) 등 주로 경사스럽고 기분 좋은 일에 들어가는 술 이름이 많다.

우량예의 권력과 복 술 시리즈(金六福酒系列)에서 '금(金)'은 권력과 부유함을 뜻하고 '복(福)'은 행운이 많다는 것을 나타낸다. 또 숫자인 '6(六)'은 모든 일이 순탄함을 의미하는 흐를 류(流) 자와 중국어로 발음이(liu) 똑같다. 옛날부터 숫자 6은 순탄하게 흘러감을 의미했기 때문에 술 이름에 6을 넣었다. 매번 좋은 일에서 이유를 찾는 것도 힘들면, 그냥 좋은데 더 좋은 일이 또 생기라고 '금상첨화' 시리즈(錦上添花酒系)도 있다. 이러니 이유 없어 술 못 마시겠다는 걱정은 붙들어 매도 좋을 정도다.

또 봄여름가을겨울, 사시사철에 맞는 술 시리즈(春夏秋冬酒系列)는 물론이고 먼 데서 고향 사람이 찾아오면 한 잔 핑계 삼아 먹자고 고향 사람 술 시리즈(家鄉人酒系列)도 마련하는 친절함(?)을 보인다. "아 자네 왔는가. 안 그래도 마침 고향 사람 술 시리즈가 있네." 이밖에 술집이 오래오래 번창하라는 배려(?)로 백년 오랜 가게 술 시리즈(百年老店系列), 특이하게도 현대인 술 시리즈(現代人酒系列)까지 있다. 이 중 대표적인 우량예 몇 가지에 대해 살펴보자.

신핀(新品) 우량예는 새로운 포장을 도입한 우량예다. 사방이 투명한 친환경 재료로 포장이 되어 있다. 특수한 방식을 도입해 위조를 방지했다고 전해지는데 상자 자체가 투명하기 때문에 안에 있는 우량예 술의 색깔 등을 볼 수 있는 것이 특징이다.

이판펑순(一帆風順) 우량예는 수정·유리로 만들어져 있어 술병 자체부터 예술작품과 흡사하다. 술병 안에 멋진 배를 넣어 놓은 것이 특징이다. 중국에서 많이 쓰는 속담인 이판펑순, 즉 '바람을 단 돛단배처럼 하는 일마다 잘되고 순조롭게 나아가라'는 축복의 의미를 담고 술 모양 자체도 돛단배를 형상화했다.

성샤오(生肖) 우량예에서 '생소'란 12가지 동물(12간지)을 뜻한다. 중국인들이 달을 기준으로 만든 음력 달력에서 출생연월일을 나타낸다. 예를 들어 2014년 말띠에는 말띠용 술을 따로 만든다. 중국인들의 전통에 맞게 띠에 따라 구매하거나 선물하면서 소장 가치를 부여한 술이다.

인민대회당 국가연회주는 베이징 인민대회당 동쪽 문의 기둥처럼 생겼다. 중국인이라면 누구나 한 번쯤 인민대회당에 가보고 싶어 하지만 사실 태어나서 죽을 때까지 베이징 인민대회당과 톈안먼 광장 한 번 못 밟아보고 생을 마감하는 사람도 많다. 그런 중국인들의 바람을 담아 술을 마시면서라도 인민대회당을 느껴보라는 차원에서 만들어진 술이다. 52도와 38도 두 가지가 있어 연회에서 취향에 맞게 선택할 수 있다.

외국 손님들에게는 명나라 때부터 주조한 방식을 사용해서 만들었다는 의미의 '우량예 1618'를 주력품으로 밀고 있다. 베이징의 정치 중심지인 중난하이(中南海)의 '즈광거(紫光閣)'에서 이름을 딴 '즈광예(紫光液)'란 최고급 52도 바이주도 주요 제품 중 하나다. 즈광거는 중난하이의 총리 접견실로 힐러리 클린턴 미국 전 국무장관 등이 이곳을 방문해 중국 정상들을 만났다.

우량예, 변신은 무죄

"화려한 연회는 금지시켜라. 술잔을 치우고 꽃 장식도 없애라." 2013년은 시진핑 주석이 본격적으로 중국을 이끌어갈 지도자로 자리매김한 첫해다. 시진핑은 자신의 취임 일성으로 이같이 말하며 화려한 연회를 자제하라고 당부했다. 이 말 한마디에 불똥이 튄 곳은 다름 아닌 주류 업계다.

중국 증권가에서는 일제히 바이주 산업이 철퇴를 맞았다고 분석했다. 선인완귀(申銀萬國) 증권은 최근 중국 당국이 공무원들의 고급 바이주 소비에 대한 규제를 강화하면서 이는 향후 바이주 판매에 영향을 미칠 것이라고 지적하기도 했다. 종종 연회를 여는 중국인들은 친구와 친척들에게 우량예 등 바이주를 선물로 해왔지만 이제는 비싼 바이주는 오히려 지도자의 눈을 의식해 선물하기 어렵게 될 수도 있다는 분석이다. 시진핑의 한마디가 얼마나 바이주 산업에 영향을 미칠지 모르지만 적어도 확실한 것은 우량예가 술 부문만 가지고서는 사업을 계속 이끌어가기 어려운 상황이 되었다는 점이다.

그런데 다른 바이주 업체들과는 달리 우량예는 술뿐 아니라 다른 산업에도 진출해 있다. 대표적인 것이 자동차 부품 산업이다. 언뜻 보기에는 시너지 효과가 전혀 없을 듯이 보인다. 아니, 오히려 '술'과 '자동차'는 상극이라는 생각마저 든다. 술 마시고 운전을 하게 되면 큰일이라는 걱정마저 든다.

중국 언론은 우량예와 자동차 부품 산업을 두고 "우량예(五糧液) 주후조차(酒後造車)"라는 재미난 기사를 보도했다. 바로 '우량예가 술을 마신 후 자동차를 만든다'는 뜻이다. 중국에서 '음주운전'을 '주후개차(酒後開車)'라고 하는데 이를 패러디한 것이다. 어찌 보면 우량예의 변신은 황당하게(?)도 느껴지지만 속내를 살펴보면 바이주 업계를 대표해온 우량예의 이런 결정은 미래에도 살아남기 위한 선택임을 알 수 있다.

쓰촨성의 경제 개발에 큰 기여를 한 우량예는 자기가 쉬고 싶어도 쉴

수 없을 정도로 영향력이 막대하다. 우량예에서 일하는 직원수만 3만 명에 이를 정도이기 때문에 이 지역 고용 문제를 해결하는 데도 일조했다. 그만큼 우량예 하나가 쓰촨성 지역 경제에 미치는 영향은 상당히 크다. 그렇다 보니 우량예는 지속적으로 경제를 떠받쳐야 하는 책무를 안고 있다.

오랜 역사 속에서 그 책임에 걸맞게 자신을 성장시켜온 우량예는 중국 바이주 산업의 왕으로 손으로 빚던 술을 공장 자동화와 기계화가 가능할 수 있게 변모시켰다. 이런 과정 속에서 쌓인 노하우는 여러 산업에 접목될 수 있었다.

우선 우량예 포장에 쓰이는 보안 마개, 우량예를 만들면서 액체를 흐르게 하는 플라스틱 파이프 피팅 등 다양한 부문에 적용될 수 있는 플라스틱 관련 산업이 발달했다. 술을 운송하더라도 흐르지 않게 잘 들어맞는 마개를 만드는 것도 중요했고 술 생산 과정에서 술이 이동하는 파이프를 정밀하게 만드는 기술도 연마하게 되었다. 또 공장 자동화를 위한 기계를 제조하면서 이를 적용한 자동차 금형, IT 금형, 초정밀 금형 설계 등 분야까지 진출했다.

우량예는 정밀 플라스틱 제품, 자동차 금형뿐만 아니라, 포장, 바이오 공

투명한 용기에 담긴 우량예. 우량예는 술뿐만 아니라 다양한 산업에서 두각을 나타내고 있다.

학, 제약, 물류, 운송까지 다양한 영역에 발을 뻗었다. 유리병 제품을 만들어 포장해서 배송하는 노하우가 또 다른 산업 영역으로 확대된 것이다. 또 쓰촨성에서 만든 우량예 제품을 중국 전역으로 보내는 과정에서 현대적인 물류 노하우도 갖게 되었다. 우량예는 GPS(위성항법장치) 방식을 도입해 물류가 흐르는 것을 분석할 수 있는 틀을 갖추었다. 또 술을 만드는 과정에서 깨끗한 공정을 유지하는 노하우가 음료와 제약 산업 공장을 운영하는 노하우로 연결되기도 했다.

장사로
덕을 쌓다

오리구이 원조 취안쥐더
1864년~

베이징덕 취안쥐더

중국에는 유난히 역사가 긴 먹을거리 브랜드가 많다. 그리고 재미있는 사실은 이런 기업들이 베이징의 한 골목길에 다닥다닥 붙어 서로 이웃하며 살아왔다는 점이다. 그곳은 바로 베이징의 쳰먼 지구의 '다자란 거리'다. 베이징 오리구이의 대표주자인 취안쥐더(全聚德)도 이 다자란 거리의 터줏대감이다.

중국에는 '만리장성에 오르지 않으면 사내대장부가 아니다'는 유명한 말이 있다. 그런데 그 뒤에 농담처럼 따라붙는 말이 있다. 바로 "베이징의 오리구이 취안쥐더를 먹지 않으면 평생의 후회가 남는다"는 말이다. 한국 하면 김치, 일본 하면 스시가 대표 음식이듯이 중국에서는 단연 '베이징덕(Beijing Duck)'이 중국을 대표하는 음식이다. 그중에서도 취안쥐더는 곧 베이징덕이라는 단어와 같은 의미로 연상될 정도로 고유명사처럼 각인이 되어 있다.

이미 150년 가까운 역사를 지닌 베이징 오리구이의 원조 취안쥐더는 중국 음식 문화의 상징이다. 한국 신당동에서 떡볶이가 유명하고 장충동에서는 할매 족발을 먹어야 하는 것처럼 오리구이의 원조로 잘 알려져 있다. 취안쥐더는 미국 KFC 등 브랜드를 거느리고 있는 윰(YUM) 브랜드와 비슷하다. 한국으로 따지면 놀부보쌈, 놀부 부대찌개처럼 프랜차이즈 형태로 되어 있는 거대 음식 기업이다.

취안쥐더는 중국의 전설적인 베이징 오리구이 식당인 취안쥐더에서 출발해 산둥(山東) 요리 전문점인 쓰촨반점(四川飯店), 청나라 궁중요리 전문점인 팡셴반장(倣膳飯庄), 80년 역사의 산둥 지역 해산물 요리 전문

🏵 취안쥐더의 오리구이

점인 펑저위안반점(豊澤園飯店), 이슬람 요리 전문점 훙빈러우(鴻賓樓) 등을 인수한 중국 최대 외식 프랜차이즈 업체다.

지고지순한 덕으로 요리하다

'취안쥐더(全聚德)'라는 세 글자는 중국어에서 '고루 갖춰져 있다'와 '온전하다'는 뜻의 취안(全), 모인다는 뜻의 쥐(聚), 마지막으로 미덕과 도덕을 의미하는 더(德)라는 세 글자로 되어 있다. 이 명칭의 연원을 알고 싶다면 취안쥐더가 생긴 1864년으로 거슬러 올라가면 된다. 취안쥐더는 1864년(청나라 동치 황제 3년) 창업해 약 150년의 역사를 자랑한다.

당시 베이징에서 상업지구로 유명했던 첸먼 거리에 '간궈(干果, 말린 과일)' 등을 파는 가게가 있었다. 그 가게 이름은 '더쥐취안(德聚全)'이었다. 하지만 장사가 제대로 되지 않고 파리만 날리는 통에 결국 망하고 말았다. 이때 닭과 오리 장사를 하던 양전인(楊全仁)이라는 사람이 더쥐취안을 사들여서 자기가 하던 장사를 그대로 이어서 경영하게 되었다. 현대로 따지면 오븐에서 구워낸 직화 오리구이를 팔기 시작한 것이다.

개업을 하기 전에 양전인은 풍수(風水)에 밝은 점쟁이를 불러다가 점을 쳤다. 점쟁이는 "운이 매우 좋고 장사가 잘되는 곳"이라고 말하면서 "하지만 원래 있던 점포가 운이 좋지 않았기 때문에 원래 가게 이름을 거꾸로 달아야 한다"고 조언했다.

양전인은 곰곰이 생각하다가 자기 이름에도 '취안(全)' 자가 들어 있는 데다가 취안쥐더라고 부르면 '덕을 모은다'는 좋은 의미가 되니까 괜찮을 것이라고 생각했다. 장사를 하면서도 덕을 쌓는다는 이름이 되었기 때문에 그는 점쟁이의 말을 따랐다. 이렇게 '취안쥐더'가 탄생했다. 취안쥐더에 애정을 갖고 홍보대사를 자처한 인물이 있으니 바로 저우언라이(周恩來)다.

저우언라이는 외국 명사들을 취안쥐더에 자주 초대했다. 그는 늘 취안쥐더의 단어 뜻에 대해 "'취안'은 결점이 없다는 뜻이고 '쥐'는 만남에는 헤어짐이 없다는 뜻이고 '더'는 지고지순한 덕을 갖추고 있다는 의미"라고 설명해주었다. 1864년에 생겨난 취안쥐더가 맛에서 유난히 뛰어났던 이유는 바로 궁중에서 은퇴한 요리사들을 모셔왔기 때문이다. 확실히 궁중 요리사들이 몇십 년간 노하우가 배어들어간 오리구이를 만들었으니 그 방법이 남달랐던 것이다.

음식 외교의 선구자

나무 등걸처럼 자연스러운 갈색이 감도는 붉은 대춧빛, 겉은 바삭바삭한 껍질, 속은 부드러운 육즙이 배어나는 고기. 여기에 오리 수프까지 곁들인다면? '오리로 만들 수 있는 가장 완벽한 음식'이란 평가를 받는 베이징 취안쥐더 오리구이는 중국의 자랑거리다. 이미 1949년부터 취안쥐더는 중국 정부와 함께 공동 경영을 하기로 결정하고 새로운 점포들을 잇달아 내면서 유력 인사들을 끌어모았다.

취안쥐더는 세계적인 명사들이 워낙 많이 방문해 '오리 외교(Duck Diplomacy)'라는 용어까지 탄생시키기도 했다. 미국의 닉슨 대통령과 조지 W. 부시 전 대통령, 야세르 아라파트 고(故) 팔레스타인 자치정부 수반, 쿠바의 카스트로 국가평의회 의장, 사우디아라비아 왕세자 등 세계 각국의 지도자들이 이곳에서 오리구이를 맛보았다. 2004년 4월에 중국을 극비리에 방문했던 북한의 김정일 당시 국방위원장이 취안쥐더에서 식사를 마치고 나오는 장면이 우연히 텔레비전 카메라에 잡혀 화제를 낳기도 했다.

베이징 취안쥐더 본점 2층에는 마오쩌둥, 덩샤오핑 등 중국 지도자는 물론이고 세계 각국의 국가 원수들의 기념사진이 벽을 메우고 있다. 적어도 100여 개국에서 온 명사들이 취안쥐더를 들렀다.

1978년 12월 개혁개방의 아버지로 불리는 덩샤오핑은 일본에서 중국

🌀 취안쥐더는 세계 유명 정치가들이 들를 정도로 '오리 외교'의 선봉에 섰다.

으로 돌아와 가장 먼저 취안쥐더를 들렀다. 중국에서 먹었던 고향의 맛이 그리워서였을 게다. 특히나 취안쥐더를 끔찍이 아꼈던 인물은 저우언라이다. 생전에 그는 무려 27번이나 취안쥐더에서 유명 외국 인사들을 대접하면서 '음식 외교'의 선구자로 불리게 되었다. 그는 국가 지도자들이 반드시 취안쥐더에 들를 수 있도록 초대했다. 중국인들은 저우언라이가 취안쥐더의 오리구이로 많은 외교 문제를 해결했다고 평가한다.

모르긴 몰라도 골치 아픈 국가 간의 분쟁도 잘 구워져 향기를 풍기고 있는 취안쥐더 오리구이 앞에서는 스르르 녹아내렸을지도 모를 일이다. 맛있는 오리구이가 각국 지도자들의 마음을 다소 풀리게 만들면서 국가 간 교류에서 윤활유 역할을 톡톡히 했을 것으로 보인다. 딱딱한 현안 대신 정상들은 취안쥐더를 매개로 이런저런 이야기를 주고 받았고 뜻밖의 제안이 취안쥐더 경영에 반영되기도 했다. 일례로 미국 전 대통령 닉슨이 중국을 방문했을 때 취안쥐더 첸먼점에 들렀는데, 첸먼점의 나무 계단이 아주 낡아 닉슨 대통령 부인의 신발이 계단에 끼이는 사고(?)가 일어났다. 이 일을 계기로 저우언라이 총리는 첸먼점 옆에 허핑먼(和平門) 분점을 개설하도록 제안하기도 했다.

취안쥐더 오리구이는 발찌를 하고 나온다?

취안쥐더에는 몇 가지 특이한 점이 있다. 우선 취안쥐더 오리구이에는 전부 발에 발찌가 매달려 있다는 점이다. 이렇게 하는 이유는 손님들에게 믿음을 주기 위해서다. 취안쥐더는 벽난로에 굽는 방식으로 오리를 굽는다. 하지만 일단 오리를 가져가면 손님들은 내가 주문한 오리가 맞는지, 혹시 바뀌지 않았는지 의심할 수도 있다. 그래서 취안쥐더는 동판에 고유번호를 새긴 뒤에 오리 발에 묶어 손님에게 확인시키고 그대로 구워 내놓기로 했다. 취안쥐더는 요리사들이 음식을 만드는 과정도 유리창을 통해 볼 수 있게 만들었다.

취안쥐더는 고객과의 약속을 지키기 위해 2003년 사스(SARS, 중증 급성 호흡기 증후군)가 발생했을 때 하루에 손님이 5명밖에 안 되어도 문을 계속 열었다. 덕분에 지난 150여 년 동안 하루도 주방의 불은 꺼뜨리지 않았다는 후문이다. 당시에는 사람들이 밖에 나올 엄두조차 못 냈기 때문에 매출은 당연히 급감했다. 하지만 취안쥐더는 고객과의 약속을 지키고 불을 꺼뜨리지 않겠다는 자기 자신과의 약속도 어기지 않기 위해 문을 열었고 그 결과 손님들의 마음을 사로잡을 수 있었다.

취안쥐더에서 파는 최고급 오리구이는 '168위안'이라는 특이한 금액을 달고 있다. 왜 굳이 숫자가 0이나 5로 똑 떨어지지 않고 168위안일까? 우리 돈으로는 3만 원 정도 하는 이 돈은 발음에 특별한 의미를 담고 있다. 중국어 발음으로 168은 "돈 많이 벌고 뭐든지 순조롭게 되어라"는 말과 발음이 비슷하기 때문이다. 168이란 말을 중국어로 읽으면 야오류파(要流發, yao liu fa)다. 원래 중국어에서 숫자 1은 '이(yi)'로 발음되지만 숫자 7('치[qi]')과 헷갈릴 수 있다. 따라서 1은 전화번호 등으로 읽을 때 '야오(yao)'라고 발음이 된다. 그런데 이 야오류파는 '내가 잘 나가고 돈도 많이 번다'라는 뜻이다. 이 오리구이를 먹은 손님이 승승장구하고 돈도 잘 벌기를 기원하는 의미를 담고 있다.

이처럼 168위안 가격 정책을 고집하던 취안쥐더이지만 시진핑 정부에 들어서서는 그 모습도 다소 바뀌었다. 외식에 들어가는 접대비를 줄여야 한다는 이른바 '삼공비(三公費, 정부 기관이 쓰는 접대 음식과 공무 차량 등에 들어가는 행정 비용을 뜻한다) 절약' 정책이 나오면서 외식업체들이 직격탄을 맞았기 때문이다. 취안쥐더는 결국 창사 이래 처음으로 전국적인 할인행사를 감행했고 일부 직영점에서는 88~98위안짜리 오리구이 뷔페를 시작했다. 취안쥐더는 기른 지 90일 이내의 어린 오리만을 사용하며 지방을 줄인 맛있는 오리구이라고 대대적으로 소개했다. 오리 한 마리를 얇게 잘라서 나누면 80~100조각 정도가 나온다. 요식업계에서는 취안쥐더가 이렇게 저가 뷔페를 열어서 고객들이 적은 비용으로 더 많은 음식을 맛볼 수 있게 해서 고객층을 확대하려는 전략을 편 것으로 해석했다.

취안쥐더의 다른 특징은 식사를 하고 나면 누구나 자격증(?)을 받을 수 있다는 것이다. 식사가 끝날 즈음이면 식당 종업원이 다가와 카드를 나눠준다. 손님들 손에 쥐어진 것은 다름 아닌 취안쥐더 증서 한 장이다. 이 카드에는 자신이 먹은 오리가 취안쥐더에서 몇 번째로 구운 오리였는지 적혀 있다. "당신이 드시고 있는 오리구이는 취안쥐더의 제○마리째, 허핑먼점의 제○마리째 오리구이입니다." 이 일련번호는 이미 억 단위를 넘어섰다. 취안쥐더의 150년 역사를 읽을 수 있는 대목이다.

취안쥐더는 200여 곳이 넘는 가게를 운영하고 있다. 베이징에만 취안쥐더 가게는 10곳이 넘고 중국 전역에는 80여 개의 직영점과 체인점을 운영하고 있다. 취안쥐더에서는 하루에만 5,000끼가 넘는 식사가 서빙된다. 취안쥐더에서 나오는 요리 가짓수는 400가지나 된

🉑 "당신이 드시는 오리구이는 취안쥐더의 몇 억 마리째 오리구이입니다."

다. 매년 팔려나가는 오리는 500만 마리에 달한다. 2011년에만 취안쥐더 음식점의 방문 횟수는 747만 회나 된다.

고객들에 힘입어 취안쥐더의 2012년 영업실적(매출)은 19억 4,700만 위안으로 전년대비 8퍼센트 증가했다. 매출이 증가하고 사업이 번창하면서 취안쥐더의 브랜드 가치는 끊임없이 올라갔다. 1993년 정식 회사로 설립된 뒤 1년이 갓 지난 1994년 취안쥐더는 브랜드 가치 평가를 받게 된다. 중국 국가자산평가기구에 따르면 취안쥐더 브랜드의 가치는 2억 6,946만 위안이었다. 15년이 지난 2008년 베이징TV는 취안쥐더의 브랜드 가치가 무려 80억 위안에 달하는 것으로 보도했다. 15년 사이에 그 가치가 40배 이상 껑충 뛴 것이다.

음식점에서 여행업체로

1993년 5월 22일은 취안쥐더가 정식으로 세상에 발을 내디딘 날이다.

이때부터 취안쥐더는 성장을 향해 본격적인 행보를 시작하게 되었다. 1999년에는 외식 분야에서 유일하게 중국을 대표하는 '트레이드 마크'가 되었다. 같은 해에는 오리구이 문화 축제도 열게 되었다.

앞서 1980년대 중국 내에 상표법이 발효된 이후에 라오쯔하오 상점들이 미처 브랜드의 중요성을 인지하고 있지 못할 때 취안쥐더는 발 빠르게 상표를 등록하기도 했다. 2000년대 들어 취안쥐더는 중국 프랜차이즈 협회 등에서 주는 브랜드 상을 비롯해 40개 이상의 각종 메달을 휩쓸었다. 세계 각국에서 주는 요리 대회에서도 우승자를 배출했다. 2000년에는 예산 관리에 돌입했다. 음식점으로 시작한 곳 치고 노동 비용을 포함한 모든 기업 예산을 분석하고 관리하는 통계 시스템을 컴퓨터로 구축한 것은 드문 일이었다.

하지만 취안쥐더가 늘 승승장구한 것은 아니었다. 취안쥐더는 10여 년의 성장 과정 속에서 뼈아픈 성장통을 맛보았다. 오리구이 하나로 장사를 계속 이끌어가는 일은 쉽지만은 않았다. 결국 취안쥐더는 경영난 끝에 2004년 4월 유통업체인 신옌사(新燕莎) 그룹, 여행업체인 서우뤼(首旅) 그룹과의 합병을 감행했다. 취안쥐더에 오는 이들이 주로 관광객이라는 점에 착안한 것이다. 취안쥐더의 영향력이 워낙 컸기 때문에 이름은 그대로 취안쥐더로 남겨두었다. 취안쥐더는 총자산 150억 위안 규모의 중국 최대 종합여행업체로 변신했다.

2005년 초부터는 중국 전통 문화의 세계화를 추진하기 위해 중국 전통 유명 음식 브랜드들을 차례로 인수했다. 2007년은 취안쥐더에 잊을 수 없는 해였다. 아시아 브랜드 대회에서 아시아 500대 브랜드를 선정해 발표했는데 음식료 업계에는 유일하게 취안쥐더가 뽑혔던 것이다. 취안쥐더는 2007년에 주식시장에도 노크를 했다. 취안쥐더는 중국 최초로 A주 증시에 상장한 전통음식료 그룹이 되었다. 1996년과 2001년에도 IPO(기업공개)를 신청했지만 당시에는 자산 규모가 부족하다는 이유로 불가 판정을 받았던 수모도 겪었다.

취안쥐더는 각고의 노력 끝에 2007년 중국 중소기업이 몰려 있는 선전증권거래소 A주 시장에 11월 20일 당당히 입성했다. 삼수를 한 끝이어서 그랬을까. 상장과 동시에 주가는 걷잡을 수 없이 치솟았다. 상장한 지 1분 만에 10분간 매매 정지로 치솟는 주가에 급브레이크가 걸렸던 일은 전설처럼 증권가에서 회자되고 있다. 취안쥐더의 이날 주가는 271퍼센트나 뛰어올랐고 한 달 동안 여덟 차례 상한가를 기록했다.

조리법을 표준화하다

기업은 시간에 따라 조금씩 변화하지만 변하지 않는 근본도 있다. 취안쥐더는 150년이 지난 지금도 오리를 향긋한 과일 나무 장작으로 노르스름하게 구워낸다. 손님들 앞에서 꺼내 올린 오리구이에 칼을 대면 껍질이 얇게 사르르 잘라진다. 오리구이 조각을 얇고 둥근 밀가루 병에 살짝 올리고 대파 몇 쪽과 양념장을 발라 돌돌 말아 먹는다. 취안쥐더에 온 손님들이 느낄 수 있는 최고로 행복한 순간이다.

취안쥐더는 "오리구이는 항상 껍질이 바삭바삭하고 고기가 부드러우며 향기가 좋아야 한다"는 명제를 지키기 위해 여러 시도를 했다. 과거 오리를 화롯불 위에 걸어 놓고 직접 장작으로 때서 구웠다면 지금은 전기로에서 굽고 있다. 오리구이를 만드는 데는 45~50분 정도 시간이 걸린다. 50분가량이 아삭거리는 껍질과 부드러운 육질을 지켜내기 위한 최상의 시간이라는 걸 터득한 것이다.

1958년 중국 전역에서 가장 유명한 요리라는 칭호를 부여받은 취안쥐더의 오리구이 조리 방식은 '국가급 문화유산'으로 지정되었다. 우리식으로 말하면 무형문화재로 지정된 셈이다. 어떻게 취안쥐더는 좋은 품질의 음식을 사람들에게 제공할 수 있었을까? 그리고 중국을 대표하는 브랜드로 키워낼 수 있었을까? 취안쥐더라는 브랜드 뒤에서 묵묵히 일해온 사람들 덕에 가능했을 것이다.

제 2 부

신

"약을 만들 때 아무도 보지 않지만,
하늘이 알고 있기 때문에 정성을 다해야 한다."

다 함께
인덕을 쌓는다

한약방 퉁런탕
1669년~

우황청심환을 처음 만든 퉁런탕

중국인들은 '한약방'이라고 하면 이 세 글자를 반드시 떠올린다. 바로 퉁런탕(同仁堂)이다. 퉁런탕을 잘 모르는 우리나라 사람들이라도 가슴이 벌렁벌렁하고 마음이 도무지 진정이 안 될 때 먹는 비상약 '우황청심환(牛黃淸心丸)'을 모르는 사람은 아마 없을 것이다. 이 우황청심환을 처음 만든 곳이 퉁런탕이다. 워낙 입소문이 나다 보니 실제로 중국 베이징을 방문하는 한국 관광객들이 빼놓지 않고 찾는 한약방도 퉁런탕이다. 중국 사람이라면 모두 알고 있는 제약회사 제품이다.

퉁런탕은 기업을 시작한 지 345년이나 된 중국의 장수 기업 중 하나다. 이 회사의 매출은 날이 갈수록 늘고 있다. 최근까지도 세계경제를 위축시키고 있는 유럽발 금융위기에도 불구하고 퉁런탕은 꾸준히 매출

실적을 내고 있다. 세계의 성장 엔진으로 불리는 중국 경기가 최근 급격히 둔화되어 다른 중국 기업들의 실적이 악화되고 있는 것과 대조를 이룬다.

300년이 넘은 한약방 퉁런탕의 강인한 체력은 금융위기에서 오히려 더 빛을 발하고 있다는 평가가 많다. 지난 1997년 이래로 퉁런탕은 15년 동안 두 자릿수의 매출 성장을 이루었다. 거의 매 5년 동안 2배씩 성장해온 것이다. 2011년 기준 퉁런탕은 140억 위안의 자산총액을 기록했다. 퉁런탕은 2012년 상반기에도 39억 1,000만 위안의 매출을 올려 2011년 같은 기간보다 매출이 55퍼센트 늘었다. 퉁런탕과 함께 퉁런탕의 계열사 중 하나인 퉁런탕테크놀로지 역시 2009년부터 지속적으로 매출과 영업이익을 늘려왔다.

퉁런탕이 좋은 실적을 계속 거둘 수 있던 비결은 무엇일까. 바로 주요

🏵 퉁런탕은 300년이 넘은 중국의 대표적인 장수 기업이다.

제품을 중심으로 매출이 안정적으로 일어나고 있기 때문이다. 대표 제품인 우황청심환을 비롯해서 회사 매출의 40퍼센트를 차지하는 주요 제품들이 모두 연 10퍼센트 이상의 높은 성장률을 보이고 있다. 최근에는 퉁런탕은 약뿐만 아니라 화장품도 판매하고 있다. 여성들이 건강과 미용을 동시에 챙기고 싶어 하는 것을 읽어낸 것이다.

퉁런탕 제품이 잘 팔리는 이유 중 하나는 건강에 대한 중국인들의 관심이 높아지고 있기 때문이다. 중국 경제전문지 《차이징(財經)》은 "생활수준 향상, 의료 수요 증가로 의약업은 중국 국내총생산(GDP) 증가율(7~8퍼센트 수준)을 웃도는 성장률을 보이고 있다"고 보도했다.

퉁런탕의 성장이 돋보이는 이유는 중국 기업들의 창업 후 '생존율'이 그다지 높지 않기 때문이다. 중국 기업들 중에서 오래된 기업들은 제법 찾을 수 있지만 모두 건실하게 회사를 꾸려나가는 것은 아니다. 중국에서는 1949년 신중국이 건설되었을 때부터 감안해 지금까지 회사를 계속 꾸려가고 있는 기업이 약 1만여 개라고 전해진다. 음식료, 제약, 식품가공, 술, 담배, 서비스 산업을 포함해서다. 이 가운데는 가족 기업도 있으며 공공기업, 민간기업 등 형태는 실로 다양하다. 하지만 속내를 들여다보면 현상유지 정도만 하고 있는 기업이 대부분이다.

실제로 중국 국유 기업의 70퍼센트는 겨우 살아남은 정도이고 20퍼센트는 장기적인 적자에 시달리고 있다. 오직 10퍼센트의 오랜 브랜드만이 살아남아 이익을 내고 발전하고 있다는 것이다. 그리고 퉁런탕은 대표적으로 이 상위 10퍼센트 안에 든 기업이다.

통런탕은 단지 생존만 해온 것이 아니라 다른 기업을 인수합병하면서도 세를 불려나갔다. 2005년 통런탕은 청나라 서태후가 좋아해 유명한 톈진의 거우부리(狗不理) 만둣집을 인수하기도 했다. 그러자 "약방이 만두 기업을 먹어 치웠다"고 중국 언론들은 대서특필을 했다. 역사가 유구한 두 기업의 만남이었기 때문에 더욱 주목을 받았던 것이다. 과연 어떻게 통런탕은 300여 년의 역사 속에서 꾸준히 기업을 성장시키며 발전할 수 있었을까?

약을 무료로 나눠주다

우황청심환을 최초로 생산한 곳으로 유명한 통런탕은 현재 약품, 건강식품, 화장품을 생산하는 종합 의약품 기업으로 자리매김했다. 외국에 나가보면 편의점만큼이나 자주 눈에 띄는 드럭스토어(drug store)의 개념과 비슷하다고 보면 된다.

통런탕은 중국에서는 편의점 못지않게 눈에 자주 띄는 약국 체인이기도 하다. 실제로 중국에 가보면 통런탕의 로고가 찍혀 있는 초록색 간판을 흔하게 볼 수 있다. 우스갯소리로 중국인들은 "우체국 하나, 은행 하나를 지나면 그 옆에 통런탕도 같이 있을 것"이라고 말할 정도다.

해외에서도 통런탕의 인기는 뜨겁다. 인터넷 검색 사이트인 구글에서 'tong ren tang'이라는 단어를 넣으면 통런탕 두바이, 시드니, 토론토 등 다양한 국가와 도시의 이름이 통런탕과 같이 뜬다. 특히 동양 의학에 관심이 많고 그 효험을 직접 체험하고 싶어 하는 세계인들이 늘어나면서 퉁런탕은 중의학 수출의 첨병이 된 지 오래다.

퉁런탕은 해외 16개국에 64개 점포를 열었고 1곳은 연구개발 기지로 활용하고 있다. 점포를 열지 않은 곳에도 상품은 수출된다. 퉁런탕의 약품은 40여 개국으로 팔려가고 있다. 15곳 이상의 지역에서 퉁런탕과 손을 잡은 28개의 해외 합작 파트너 회사도 거느리고 있다. 퉁런탕은 한국 증시 상장도 추진하고 있다. 업계에서는 지금까지 국내에 상장한 중국의 중소 기업들과는 급이 다른 대기업인 퉁런탕 상장에 큰 기대를 모으고 있다. 투자은행(IB) 업계에 따르면 퉁런탕은 우리투자증권과 국내 증시 상장을 위한 협의를 하고 있는 것으로 알려졌다. 2014년 3~4월께 주간사 계약을 맺고 2014년 하반기에는 상장을 추진한다는 계획을 가지고 있다고 전해진다.

지금은 중국 내외 소비자들에게 인정받고 있는 퉁런탕이지만 시작은 조그마한 약방이었다. 퉁런탕의 원래 이름은 '퉁런탕 약실(藥室)'에서 출발했다. 청나라 강희제 때인 1669년에 초대 창립자 낙현양(樂顯揚)에 의해 설립된 퉁런탕은 황실에 의약품을 납품하면서 점차 명성을 얻기 시작했다.

낙현양의 셋째 아들인 낙봉명(樂鳳鳴)은 가업을 이어받아 1702년 퉁런탕 약실을 약점(藥店)으로 고쳐 더 크게 가게를 확장했다. 동네 약방 정도로 작게 시작한 점포는 어느덧 어엿한 상점으로 커나가기 시작했다. 낙봉명은 약을 만드는 데 까다롭게 기준을 유지했다. 그리고 생활 속에서 쌓이는 경험들을 차곡차곡 모아두어야 할 필요성을 느꼈다. 그는 엄격한 제약 원칙을 확립하기 위해 약을 만드는 틈틈이 책을 집필했다.

그리고 4년 뒤인 1706년 낙봉명은 아버지가 물려주신 지혜와 그동안 자신이 쌓아온 제약 경험을 바탕으로 낙씨 일가의 비법을 모은 책을 출간하게 되었다. 이 책에는 '약을 만드는 데 무엇보다 사람의 정성이 중요하니 수고를 아끼지 마라'는 제약 원칙 등이 담겨 있었다. 이 책 한 권은 지금도 퉁런탕 사람들이 지키는 제약 원칙이다. 약을 만드는 구체적인 프로세스나 약 짓는 기구는 어떠해야 한다는 조건 등이 자세하게 담겨 있었다. 이 책은 퉁런탕 역사 속에서 세대에서 세대로 이어져 내려갔다. 그러면서 그는 청나라 황실에 공급하는 약 만들기에 전념했다.

1723년부터 낙씨 일가는 황제를 위한 약을 제조해서 납품하는 유일한 공식적인 약방이 되었다. 그리고 1911년에 이르기까지 무려 188년 동안 황제 8명을 모시며 어의로서 활약하게 되었다.

물론 퉁런탕을 경영하는 것이 항상 뜻대로만 굴러가지는 않았다. 1834년 주씨 성을 가진 사람이 퉁런탕을 잠시 맡아 경영하고 있었는데, 빚을 많이 지자 책임을 지는 것을 두려워해서 36계 줄행랑을 쳐버렸다. 낙씨 일가는 주씨가 도망가고 나서 주인이 떠난 퉁런탕을 되찾게 되었다. 경영권을 되찾기는 했지만 마냥 기뻐할 일은 아니었다. 주씨가 경영을 제대로 못한 탓에 새로 진 빚도 같이 떠안게 되었기 때문이다. 퉁런탕이 낙씨 집안으로 되돌아온 뒤 낙평천(樂平泉)이 제10대 계승자로 낙점되었다.

낙평천은 대표적으로 퉁런탕을 중흥시킨 인물로 손꼽힌다. 그가 퉁런탕을 운영할 때 사람들 사이에 널리 회자된 약이 있었으니 바로 평안약(平安藥)이다. 말 그대로 평안을 가져오는 약이라는 의미다. 평안약의 타깃은 바로 수험생들이었다.

중국은 우리로 치면 가오카오(高考, 수학능력시험)을 6월에 치르는데, 이때 중국 전역은 시험 열기가 뜨거울 정도로 교육열이 높다. 수험생들의 건강과 안녕을 기원하는 사람들의 관심은 몇백 년이 지나도 그대로일 정도다. 공무원 시험도 마찬가지다. 몇백 대, 몇천 대 1의 경쟁률을 기록하는 치열한 광경을 보고 있자면 '현대판 과거제'가 지금도 남아 있다고 해도 과언이 아닐 정도다.

교통도 제대로 발달하지 않았던 당시에는 수험생들의 고충은 오죽했을까. 과거 시험을 보기 위해 수험생들은 산 건너 물 건너 먼 수도까지 시험을 치러 가야 했다. 공부 스트레스는 물론이고 일단 고향에서 떨어져 낯선 곳에서 보내는 시간이 결코 편할 수는 없었다. 물을 갈아 마시면 배탈이 날 수도 있었고 전혀 다른 환경에서 아프면 시험이고 뭐고 포기하게 되는 불상사도 다반사 있었다. 인생의 황금기에 많은 것을 잃을 수도 있는 지경에 몰리게 되는 것이다.

낙평천은 과거를 보는 수험생들이 처음부터 병에 걸리지 않을 수 있게 '평안약'이라는 것을 만들어서 예쁜 상자에 넣었다. 그리고 이 평안약을 중국 전역에 있는 여관과 숙소에 배달했다. 상자에는 수험생들의 이름을 적었다. 수험생들의 손에 직접 통런탕 직원들이 약을 전달했다. 몸이 아플 때 찾게 되는 구급약 상자는 수험생들에게는 더할 나위 없이 좋은 선물이었다. 게다가 무료였다. 가장 힘든 순간, 직접 찾아오는 서비스를 제공한 평안약 덕분에 퉁런탕의 명성은 한순간에 높아졌다. 공짜로 좋은 약을 지어 선물한다는 것은 쉽지 않은 발상이었지만, 퉁런탕을 모르는 사람이 없게 되었다는 점에서는 현대적인 관점에서 봐도 뛰어난 마케팅 전략으로 평가된다.

무형문화재로 성장하다

1948년에는 낙씨 일가 13대 자손인 낙송생(樂松生)이 퉁런탕 사장이 되었다. 그가 경영하던 1954년부터 본격적으로 퉁런탕은 전통적인 약방에서 현대화된 기업의 길을 걷게 되었다. 퉁런탕은 공공 부문과 민간이 손잡는 민관 파트너십을 구현하기에 이르렀다. 1955년 낙송생은 미국으로 치면 워싱턴 백악관에 해당하는 중국 정치 중심지 중난하이에서 마오쩌둥과 저우언라이를 직접 만나게 되었다.

정치 지도자들이 퉁런탕에 러브콜을 보낸 이유는 제약 산업의 중요성에 눈떴기 때문이라고 보인다. 황제에게 좋은 약을 공급했던 퉁런탕이 중국 국민 전체를 위해 약을 만들 수 있는 기술과 능력을 갖춰야 한다는 점에서 지도자들이 퉁런탕에 관심을 갖게 된 것이다. 퉁런탕은 중국 국가 최고 지도자가 산업 발전을 같이 고민하기 위해 찾을 정도로 국가에서도 중요한 기업이 되어가고 있었다. 낙송생은 그 해에 베이징시의 부시장직을 맡기도 하면서 기업가이자 행정가로 역할을 했다.

퉁런탕은 마침내 1956년 국유기업으로 전환되었다. 마오쩌둥, 류사오치(劉少奇), 저우언라이 등 중국 정치 역사에서 큰 영향력을 행사했던 이들이 전부 퉁런탕의 국유기업화에 참여했다. 퉁런탕은 중국에서 공공 부문과 민간 협력의 상징적인 기업이 되었다. 지금도 국유회사가 퉁런탕 지분의 55퍼센트를 갖고 있으니 국민 기업으로 불릴 만하다.

기존에 퉁런탕 약방에서 몇몇 약사들이 약을 조제하던 전통적인 방식을 이제는 현대화·대량화할 필요가 있었다. 그 다음해인 1957년에는 서양식 자동화 공장 시스템을 도입한 퉁런탕의 정제 공장이 설립되었다. 황제 일가를 건강하게 하던 퉁런탕에서 만든 약이 13억 중국 인민들에게 보다 쉽게 보급될 수 있게 한 대량 생산의 시발점이다.

1989년에는 퉁런탕의 브랜드를 국가 차원에서 특별 보호해야 한다는 움직임이 일었다. 퉁런탕은 타이완에서는 첫 번째로 등록된 중국 대륙 기업 브랜드가 되었다. 또 스페인 마드리드에서도 국제 브랜드로 공식 인정을 받게 되었다. 1997년 중국 국무원은 현대화된 시스템을 갖춘 120개 대기업을 선정했는데, 퉁런탕은 제약회사 중에서 유일하게 이름을 올린 기업이 되었다. 1997년은 퉁런탕 회사 주식이 상하이 증권 시장에 상장된 해이기도 하다.

2000년은 퉁런탕이 일반적인 제약업을 넘어 생명 공학에 영역을 확장한 때다. 퉁런탕은 본격적으로 바이오 분야에 진출했다. 2002년 퉁런탕은 중국 브랜드 전략 추진위원회가 선정한 국제적인 경쟁력이 있는 16개 기업 중 하나로 선정되었다. 또 신뢰할 수 있는 제약공장으로 1995년에서 2002년까지 7년 연속 선정되기에 이른다. 2002년 아시아 비즈니스 컨설팅은 통런탕을 중국에서 가장 잠재력이 있는 50개 상장 기업 중 하나로 꼽았다.

2003년 통런탕은 중대한 고비를 맞았다. 중국 전역을 휩쓴 사스가 터진 것이다. 고열과 기침을 동반하다 마침내 사망에 이르는 이 병으로 중국 인민들은 공포에 떨었다. 감기와 비슷하지만 마땅한 치료약이 없는 상황에서 조금만 사람들이 많은 곳에 가도 삽시간에 전염병은 번졌다. 어린아이들과 노인들이 특히 잘 걸렸지만 원인을 밝혀내기 어려울 따름이었다. 베이징 의약품 안전청은 통런탕과 공동으로 사스 치료에 나섰다.

2003년 사스를 퇴치하면서 통런탕은 소비자들이 찾는 대표적인 약방이 되었다. 그 이유는 통런탕이 내놓은 사스 치료제 반란건(板藍根) 덕이었다. 민들레와 비슷한 모양의 대청 뿌리로 만든 약이 사스에 잘 듣는다는 것을 알게 되면서 너도 나도 반란건을 사서 먹기 시작했다. 반란건이 잘 팔리면서 통런탕은 2003년 1분기 반란건 매출이 최근 2년간 전체 매출을 넘어설 정도였다.

2006년, 통런탕은 중의학 문화를 계승발전시켰다는 공을 인정받아 국가 무형문화재가 되었다. 통런탕은 의약기업에서 중국을 대표하는 브랜드로 확실히 자리매김했다. 2008년부터 전 세계적인 금융위기가 있었지만 통런탕은 건재했다. 경제가 어려울수록 사람들이 오히려 자기 몸 건강을 위해 투자를 아끼지 않는다는 걸 일종의 기회로 삼았기 때문이다. 2012년 중국 상장사들이 선정한 가장 투자할 가치 있는 기업 100선중에서 퉁런탕은 43위를 차지했다.

퉁런탕의 이야기는 여러 버전의 드라마로도 널리
제작되었다. 작은 약방에서 대기업이 되기까지의 신
화에 중국인들의 눈과 귀가 쏠렸다. 〈퉁런탕 전설〉이
라는 드라마 외에도 〈대청약왕(大淸藥王)〉이란 연속
극은 퉁런탕 8대의 일대기를 그렸다. 〈풍우 퉁런탕
(風雨同仁堂)〉은 시즌 8까지 나온 연속극이다.

퉁런탕의 이야기
를 다룬 드라마가
중국에서 인기를
얻었다.

현재도 퉁런탕의 베이징 본점은 변함없이 예전에
시작되었던 그 자리에서 장사를 하고 있다. 물론 지점들은 중국 전역에
있다. 하지만 본사만큼은 한결같이 그 자리에서 매번 가게를 찾아주던
오랜 손님들을 기다리고 있는 것이다.

아무도 보지 않아도 하늘이 보고 있다

퉁런탕이 겪어온 지난 300여 년은 세계 역사가 격변하던 시기였다. 청
나라 말기 혼란스러운 국제 정세 속에 외세의 침략도 있었다. 중국은 여
러 새로운 지도자들을 맞아들였고 그들은 역사 속으로 다시 사라졌다.
한 개인이 운영하던 회사는 어느덧 소유권이 바뀌어 국유기업이 되었다.
이런 과정 속에서 퉁런탕은 여러 세대를 경험했고 중국 제약 역사를 이
끌어왔다.

중국의 장수 기업들이 그렇듯 퉁런탕도 그만의 독창적인 경영 원칙을
가지고 있다. 300년 이상 넘어지지 않고 생명력을 유지해왔던 비결이다.

퉁런탕의 핵심 이념은 일단 기업의 얼굴인 상호(기업명)에서 드러난다. 퉁런탕은 "다 함께(同) 인덕(仁德)을 쌓는 집(堂)"이라는 뜻이다.

퉁런탕의 경영이념은 어려울 때일수록 인덕을 쌓아야 한다는 발상에서 출발했다. 사람은 아플 때 약을 먹는다. 그러므로 퉁런탕을 찾는 사람은 전부 다 곤경에 처한 고객이다. 퉁런탕은 그런 고객이 약이 필요해서 찾아온다고 해서 '이때다' 하고 비싸게 약을 팔지 않았다. 고객들의 마음이 되어 어려움을 알고 의리를 지켰다.

예를 들어 2003년 중국 전역을 휩쓴 사스가 발발했을 때 정체불명의 사스 특효약들이 우후죽순 나왔다. 부르는 게 값이었지만 사람들은 지푸라기라도 잡는 심정으로 비싼 돈을 주고 울며 겨자먹기로 약을 사 먹었다. 그러나 퉁런탕은 이때 약값을 올려 받지 않았다. 그 당시 약값을 조금이라도 올렸다면 퉁런탕은 떼돈을 벌 수 있었을 것이다. 하지만 퉁런탕은 소비자들에게 그렇게 가격을 마구 부르는 행위가 제품에 대한 신뢰를 얻는 데 도움이 되지 않을 것이라고 여겼다. 가격을 그대로 유지하는 퉁런탕을 더욱 믿고 제품을 사게 된 것은 물론이다.

청나라 시대에도 퉁런탕은 과거 시험에 떨어지고 노잣돈도 남지 않은 불합격자들에게도 약을 무료로 지어주고 치료를 해주었다. 퉁런탕은 낙방생이라고 해서 천시하지 않았다. 딱히 이들에게 보은을 바란 것은 아니었지만 낙방했던 사람 중에서 훗날 과거에 합격하는 이들이 나왔다. 이들은 과거에 합격하고 나서 자신을 치료해준 퉁런탕을 찾아오기도 했다.

일반적인 시각에서 보면 그렇게 어려운 사람을 돕다가는 남는 게 얼마나 되겠냐고 걱정을 할 법도 하다. 그러나 퉁런탕의 300년 넘는 역사가 그 노력이 헛되지 않았음을 증명한다. 어려울 때 자신을 살려준 퉁런탕이 어려워질 때마다 사람들이 퉁런탕을 지켜주고 구해주었기 때문이다.

이미 퉁런탕의 이야기는 중국인들에게 전설처럼 남아 있다. 퉁런탕은 겨울에는 솜을 두둑이 넣은 솜이불을 사람들에게 제공했고 여름에는 더위를 물러가게 하는 약을 팔았다. 퉁런탕은 여름에 쏟아지는 장맛비로 황토가 넘쳐 사람들을 동원하는 일이 있을 때면 약방 이름인 '퉁런'이라고 쓰인 초롱불을 밝혀 밤길 사고를 막아주는 선행도 했다. '사회적 공헌 기업'이라는 현대적인 개념이 있기도 전부터 그런 선한 행위를 통해 기업 브랜드를 구축한 것이다.

퉁런탕은 돈을 많이 벌더라도 사회에 일부 환원하고 가게를 운영할 정도로만 재력을 유지했다. 돈이 많으면 오히려 형제들 간에 싸움이 나고 스스로 부패할 수 있다는 것을 경계한 것이다.

퉁런탕은 또 약방의 비방을 물려줄 후계자는 반드시 집안에서 구했다. 약재를 쓰는 방법은 비밀을 요하는 일이었기 때문에 남을 쓰게 되면 자칫 노하우가 새어나갈 수 있었기 때문이다. 퉁런탕은 "약을 만들 때 아무도 보지 않지만 하늘이 알고 있기 때문에 정성을 다해야 한다"는 정신을 강조했다.

사람들이 알아주지 않고 지켜보는 이가 없을지라도 나 자신의 양심을 속이지는 말자는 데서 출발한다. 퉁런탕 사람들은 약을 만들 때 드는 수고를 '감히' 줄이지 않았다. 또 약재가 비싸더라도 그 값을 함부로 깎지 않았다. 사람의 정성과 손품이 들어가고 좋은 재료를 써야지만 약이 제대로 나오기 때문이다. 그래서 퉁런탕은 두 개의 기둥이 떠받치고 있다고 흔히 이야기한다. 하나는 높은 품질의 원재료이며, 하나는 장인 정신이다. 퉁런탕의 장수 비결은 첫째도 품질, 둘째도 품질이다.

우리는 약을 먹을 때 두 가지를 생각한다. 첫째, 약이 효과가 있는가. 둘째, 부작용은 없는가다. 효과가 있는지는 플러스(+) 요인의 존재를 보는 것이고 부작용은 없는지는 마이너스(-) 요인이 없어야 한다는 것이다. 약에서 품질을 중시하는 것은 윤리적인 경영 코드와도 직결된다. 품질이 나쁜 제품을 그냥 판다는 것은 윤리적으로 맞지 않기 때문이다.

퉁런탕은 기본적으로 의약업이 사람들의 생명을 담보로 한 사업임을

⊛ 베이징 첸먼 거리에 있는 퉁런탕. 퉁런탕은 약을 만들 때 수고를 아끼지 않으며, 약재가 비싸더라도 그 값을 함부로 깎지 않았다.

강조했다. 기업가가 돈을 벌면서도 숭고한 목적(건강)을 통해 세상을 구할 수 있다는 사업적 특성을 강조한 것이다. 반대로 말하면 타이레놀 회수 사건처럼 제약회사는 한 번의 신뢰 상실로 그간 쌓아 올린 브랜드 파워나 이미지가 순식간에 무너진다. 퉁런탕도 이것을 누구보다 잘 알고 있었다.

퉁런탕의 제품들은 크게 의약품, 건강식품, 화장품 등으로 나눠지는데 품질 관리를 하나하나 깐깐하게 한다. 베이징에서 남쪽으로 약 46킬로미터 정도 떨어진 지역에 있는 다싱(大興) 지역 등에서 26가지 공법을 적용해 생산할 수 있는 41개 생산 라인을 갖추고 있다. 1,000개의 제품을 한꺼번에 생산할 수 있는 생산기지도 5군데나 된다.

예를 들어 인삼만 하더라도 퉁런탕의 품질 제일주의를 엿볼 수 있다. 시중에서 구할 수 있는 인삼은 상태가 그다지 좋지 않았다. 인삼을 다듬게 되면 무게가 다소 줄어들기 때문에 중국의 어지간한 한약방에서는 무게가 줄어드는 것을 못내 아까워해 그냥 약에 넣고 썼다. 하지만 퉁런탕은 반드시 버려야 하는 독소가 있는 부분이라면 무게가 좀 줄어들더라도 확실히 버렸다.

또 다른 예로는 환약의 일종인 바이펑환(白鳳丸)은 닭이 재료로 들어가는데, 이 닭은 베이징 외곽에 무공해 상태에서 먹이와 물을 먹고 자란 닭만을 가지고 만든다. 뼈, 깃털, 살에 이르기까지 모든 부위의 품질 기준을 다 만족해야만 약재로 쓰이게 된다.

퉁런탕 사원들의 이야기는 이렇다. "손님 중에서 약이 적게 들어갔다,

재료가 이상하다며 불평하기란 대단히 어렵다. 약은 손님보다 약방 주인이 훨씬 잘 알기 때문이다. 하지만 퉁런탕은 손님이 주인공이라는 인식을 분명히 하고 있다. 환자들이 퉁런탕을 먹여살리는 부모나 마찬가지이기 때문이다. 고객을 잘 대하는 것은 사회적 책임을 다하는 것이기도 하지만 우리에게는 사업을 영원히 지속할 수 있는 원동력이기 때문이다. 손님에게 궁극적으로 도움이 되어야 한다. 우리는 손님이 우리의 팬이 될 수 있도록 서비스한다."

시대가 변하면서 약 자체도 변화가 필요했다. 기존에 나오던 퉁런탕의 명반 가루나 연고는 사용하기 불편했다. 아무리 약효가 좋아도 먹거나 바르기 불편하면 손님들이 찾지 않기 마련이다. 그래서 퉁런탕은 먹기 편하고 처방하기 쉽도록 한약도 하드 캡슐 등의 형태로 영역을 넓혔다. 또 퉁런탕은 원료의 구입에서 포장, 약물 처리에 이르기까지 모든 단계에서 마이크로그램 이하의 오류까지 통제하는 시스템을 만들었다.

좋은 재료에 대한 연구도 필수적이다. 퉁런탕에서는 약재로 쓰이는 코뿔소 뿔, 진주 가루 등 다양한 재료들이 모두 균일한 색상과 분말 형태를 갖추고 있도록 만들었다. 또 일부 재료들은 효능을 개선하기 위해 약물을 건조시키고 재료를 다듬는 데만 2년이 넘는 시간을 거치기도 한다.

무엇이든 물어보세요

퉁런탕이 파는 것은 약만이 아니다. 제약 사업과 더불어 퉁런탕의 중요한 영역은 의료 서비스다. 퉁런탕이 제시하는 제약회사의 기본 정신을 요약하면 이 한 문장이 될 것이다. "당신의 건강과 행복을 위해 마음과 뜻을, 선의와 아름다움을 다하겠습니다(爲了您的健康与幸福 盡心盡意. 盡善 盡美)."

퉁런탕이 우황청심환만 만들었다면 그 이상의 발전을 기대하기 어려 웠을 것이다. 1949년 중국이 개혁개방을 하기 전만 해도 이 회사의 주요 제품은 간염과 폐렴 치료제 정도였다. 하지만 현대에는 생활수준이 높아 졌기 때문에 고혈압, 콜레스테롤, 고혈당 등을 치료하는 다양한 제품을 갖추고 있다. 또 약 이외에도 건강을 위한 다른 제품에도 아이디어를 접 목시키고 있다.

퉁런탕은 "1980년대만 해도 중국인들은 살아남는 것 자체에 관심을 두었다. 1980~2000년에는 어느 정도 생활이 나아지게 되었고 이제 중 국인들은 장수와 건강에 대해 생각하게 되었다. 이렇게 사람들의 목표는 바뀌어왔다. 여성은 아름다움을 원한다. 노인은 장수하고 싶어 하고 누 구나 건강한 아이를 갖고 싶어 하는 것이 당연하다"며 의약 산업도 이에 맞게 바뀌는 것이 필요하다고 밝혔다.

이미 병이 걸린 사람들을 고치는 수준이 아니라 병이 오기 전에 미리 막는 '예방약' 개발에 더 집중하는 시대가 왔다는 이야기다. 그러자면 고 객 의견에 귀를 기울이는 것이 필수다. 또 퉁런탕은 신뢰를 주기 위해 의 료 기록을 환자에게 보여준다.

퉁런탕은 멈추지 않는 서비스 정신으로 유명했다. 1920년대와 1930

년대에는 당시로서는 드문 우편 주문 서비스까지 있었다. 1949년에는 고객 엽서 제도를 도입했다. 또 1954년부터는 일찌감치 '무엇이든 물어보세요'처럼 몸 상태에 대해 조언을 해주는 부서를 설립했다. 이 퉁런탕 핫라인 서비스는 수천만 명이 건강에 대해 상담하는 창구가 되었다.

퉁런탕에 이 데스크는 보물단지가 되었다. 고객들은 자신이 궁금한 건강 문제에 대한 해답을 들을 수 있었고 퉁런탕으로서는 환자들이 무슨 질병을 많이 앓는지, 여기에 약을 어떻게 써야 할지를 가늠하는 중요한 기초 자료가 되었기 때문이다. 빅데이터 경영이라고까지 하기엔 이른 감이 있지만 정보를 모아서 제품을 개선하는 데 쓰는 방식은 현대적인 빅데이터와 크게 다르지 않다. 모든 해답은 고객에서부터 나오고 '현장에 답이 있다'는 정신이 퉁런탕에도 살아 있다.

퉁런탕은 전통 중의학의 관광지가 되었다. 일상적으로 먹는 약을 만드는 기업이지만 동시에 문화를 제공한다. 그래서 베이징을 찾는 관광객들이 꼭 한 번쯤은 방문하는 곳이 퉁런탕이다. 외국인 관광객들에게 300여 년간 이어진 전통과 역사를 '퉁런탕'이란 실제 공간 속에서 응축해서 보여준다는 것은 그 자체가 산업이 될 수 있다는 점에서 의미가 있다.

2006년 중국 의학 문화를 대표하는 곳으로 퉁런탕이 국가 무형문화재로 등록된 이래 퉁런탕 본점은 전통 중국 의학 문화유산 박물관으로 꼭 가봐야 할 명소 중 하나로 인식되고 있다. 이곳에서는 중국 전통 의학을 직접적으로 체험해볼 수 있다. 어깨가 뭉쳤거나 피로할 경우 간단한

마사지 등도 받을 수 있고 처방도 내려준다.

통런탕은 오래된 브랜드이지만 동시에 새로운 문화를 만들고 인재들을 길러내는 데 힘을 쏟고 있다. 이들은 변화하는 시대에 맞춰 약을 지속적으로 개발할 뿐만 아니라 통런탕이 처음 회사를 설립할 때 가진 마음인 '인과 덕'의 정신을 배려하는 마음을 직원들이 스스로 실천할 수 있게 돕고 있다. 예를 들면 지역 사회에 있는 환자들에게 의료 봉사활동을 하는 것 등이다. 또 기본적인 윤리와 신뢰를 강조하는 것이 통런탕 직원 행동 지침의 가장 중요한 요소다.

물론 전통 계승도 중요하지만 있는 것을 단순히 수용하는 게 아니라 문화를 알고 이를 놀이처럼 즐기고 좋아할 수 있는 열정과 창의성을 높이 사고 있다. 이 같은 맥락에서 의약 개발에 관한 열정을 북돋우기 위해 수석 엔지니어를 꼭짓점으로 하는 '재능의 피라미드'를 만들기도 한다. 통런탕 직원들에게는 자기개발을 위한 공간이 주어진다.

통런탕은 뛰어난 매장 관리자를 뽑아 이들에게 인센티브를 주고 있다. 또 직급별로 회사에서 요구하는 내용이 특화되어 있다. 특히 통런탕의 간부급 인력은 매우 높은 수준의 도덕적 기준을 만족하는 청렴한 인물이어야 한다는 인식이 사내에 고루 퍼져 있다. 국유기업의 간부가 많으면 부정부패에 휩싸이는 중국의 일반적인 분위기와는 사뭇 대조된다. 통런탕은 전통과 현대의 조화, 사람을 먼저 생각하는 인본주의를 바탕으로 엄격하게 약을 제조하고 사람들을 낫게 하면서 사업을 더욱 키워가고 있다. 경영철학을 갖고 이를 실천해왔기 때문에 300여 년간 사람들에게 사랑받는 기업으로 오래 살아남을 수 있었던 것이다.

사람이 시작이고 끝이다

인순하이(殷順海) 퉁런탕 회장은 베이징 출신으로 퉁런탕에서 일해오면서 1995년부터 2013년까지 퉁런탕의 최고책임자를 맡아왔다. 퉁런탕 제2제조 공장에서 공장장을 역임했고 현재는 중국 베이징 퉁런탕 회장 겸 중국 중의학회 이사장을 겸직하고 있다. 퉁런탕의 '인순하이 시대'는 2014년으로 19년째에 접어들게 되었다. 혹자는 그가 중국 공산당 간부이자 공무원에 가까운 인물로 기업가 정신은 다소 부족하지 않느냐는 평가를 내리기도 한다. 그런 평가를 일축이라도 하듯 인순하이 회장은 2012년 신화통신과의 인터뷰를 통해 퉁런탕 역사에 대해 정리하고 소개하는 시간을 가졌다.

"2011년 말 기준으로 보면 퉁런탕은 1991년에 비해 총 자산은 15배가 늘었고 순자산은 무려 47배 급증했습니다. 총 이윤은 16배로 뛰었고요. 직원 수는 3.5배 늘어났고 1인당 받는 평균 임금은 17배 늘어났습니다. 만드는 제약품의 영역도 크게 넓어졌지요. 1991년 퉁런탕이 만들었던 약품은 789종이었는데 이제는 1,548종이 되었어요. 건강식품은 81종, 식품은 263종, 화

퉁런탕의 인순하이 회장은 모든 성공의 비결은 바로 '사람'에서 나왔다고 강조한다.

장품도 144종이나 됩니다."

그는 퉁런탕이 여러 분야에서 1위를 했다고 말한다. "동종업계에서 매출 1위를 달성했고요. 해외 시장에서도 중의학 분야에서는 퉁런탕이 가장 많은 판매 채널을 갖고 있습니다. 약의 가짓수도 가장 많습니다. 그리고 회사에서 자체적으로 운영하는 중의학 병원과 진찰소를 갖고 있다는 점이에요. 퉁런탕의 이름으로 진찰 받을 수 있는 진료소는 198곳이나 되는데 동종업계에서는 가장 많지요."

그는 퉁런탕이라는 기업 자체가 중국의 문화라고 생각한다. 그래서 '중국 공자학원 설립'에 기여를 했다. 공자학원은 중국어를 비롯한 중국 문화를 세계인들에게 알리는 일종의 문화 전파소이자 아카데미다. 한국, 아프리카, 북미를 비롯한 전 세계 각지에 공자학원이 설립되어 있다. 그는 "문화와 경제라는 두 개의 바퀴는 같이 굴러가기 때문에 사업을 하면 문화도 반드시 같이 간다"고 말했다. 인순하이 회장이 또 하나 강조하는 게 있다. 모든 성공의 비결이 바로 퉁런탕의 '사람'에서 나왔다는 것이다.

"경쟁력 있는 기업이 되기 위해서 외부 컨설팅도 받는 경우가 많은데, 사실 멀리서 뭔가를 찾을 필요가 없어요. 회사 내부에서 자원을 잘 찾아야 합니다. 그 안에서 가치를 창조해내는 것이 우리가 할 수 있는 일이지요. 퉁런탕이 중의학연구소를 세우고 다양한 제품 생산에 힘을 쏟는 것도 그런 이유입니다. 사실 퉁런탕은 독점에 가까운 시장 지배력이 있기 때문에 이것을 남용할 수도 있는 위치입니다. 하지만 그러고 싶지 않았어요. 기술, 새로운 방식, 좋은 재료, 이런 것을 혁신하고 새로운 시장을 아예 만들어내는 것, 그런 일을 하는 게 낫지 않겠어요? 이런 것을 다 해내는 사람들이 바로 우리 퉁런탕 사람들이죠."

사실 회사 홈페이지를 들어가도 그의 사진이나 소개말을 찾아볼 수 없다. 대신 그는 퉁런탕을 있게 한 우수한 직원들의 사진을 싣고 프로필을 소개하는 '명예의 전당' 코너를 마련했다. 퉁런탕 홈페이지에 보면 '퉁런탕 영재(英才)'라는 배너가 눈에 띈다. '영재'라고 하니 어린 학생들을 후원하는 것인가 싶어 들어가보면 중의학과 중약학으로 나뉘어 60~88세에 달하는 고령의 할아버지와 할머니 얼굴이 있다. 모두 퉁런탕 인재들이다.

중의학 분야에서 16명, 약학 분야에서 4명인 이들은 대부분이 국가급 명의로 50여 년 이상 중의학에 매진해온 인물들이다. 퉁런탕은 이들에게 감사하기 위해 그리고 퉁런탕의 살아 있는 역사로 기억될 수

퉁런탕에서 영재로 뽑힌 80세 이상 퉁런탕의 인재들. 이 3명을 포함해 20명이 명예의 전당에 올라 있다.

있도록 배려한 것이다. 이 중에는 베이징 중의학회 고문 등을 맡은 이
도 있다. 퉁런탕은 이런 '어르신'들을 퉁런탕의 특별 전문가로 모시고
있다.

신뢰가
제일의 명예다

전통과자 다오샹춘
1916년~

주원장이 거사에 이용한 월병

중국인들에게는 매년 추석(중추절)이 되면 보름달처럼 둥그스름한 '월병(月餠)'을 먹는 풍습이 있다. 중국 사람들은 왜 추석에 월병을 먹을까? 중추절은 모든 게 '둥근' 날이기 때문이다. 하늘에 뜬 달도 둥글고, 월병도 둥글며, 모인 가족들도 둥글게 둘러앉는다. 혹시 사정이 있어서 타향에 떨어져 있는 가족이라고 하더라도 하늘에 두둥실 뜬 달은 어디에 있든 보이기 때문에 달은 가족의 단결과 화목을 상징한다. 중국인들은 달을 닮은 월병을 먹으면서 가족이 둥글게 화합하자는 뜻을 새기는 것이다.

월병의 전설 중에는 원나라를 멸망시키고 명나라를 건국한 주원장(朱元璋)과 관련된 이야기가 전해져 내려온다. 그가 월병을 이용해서 거사를 성공시켰다는 이야기다. 원나라 말기에 잔혹한 통치 탓에 여기저기서 민란이 일어났다. 주원장은 각 지역의 저항세력과 연합하고 있었는데, 조정에서는 눈에 불을 켜고 그를 감시하고 있다 보니 같이 모이자고 연락을 전하기조차 여간 어려운 일이 아니었다.

주원장의 부하 유백온(劉伯溫)은 꾀를 한 가지 냈다. '8월 15일 밤에 거사를 일으키자(八月十五日夜起義)'라고 적힌 종이를 월병 밑에 감춰 각 지역에 있는 의거군에게 보낸 것이다. 결국 주원장의 기지 덕에 8월 15일 밤 사람들이 모여들었고 이들은 의거에 성공했다고 전해진다. 물론 실제는 전설과는 다소 차이가 있다는 해석도 있다. 주원장이 곽자흥(郭子興)의 부대에 참가한 병사였으나 지도자급은 아니었다는 것이다. 대신 주원장은 곽자흥의 양딸을 아내로 맞이했는데, 그가 훗날 마황후로 불리는 인물이다. 마황후는 굶어죽기 직전이었던 주원장을 구했을 뿐만 아니라 나중에 전쟁이 한창일 때 주원장과 병사들의 군복을 직접 기우면서 그를 보필해 명나라 건국에 힘이 되었다고 전해진다.

중추절이 큰 명절이니만큼 월병은 중국인들에게 남다른 의미를 갖는다. 13억 중국인들이 추석 기간에 사먹는 월병의 양도 상당하다. 중국 《베이징천보》의 2005년 보도에 따르면 이 해 추석 기간에만 무게로 따지면 약 20만 톤, 금액으로는 약 100억 위안 상당의 월병이 팔려나갔다고 전해진다.

루쉰이 즐겨 먹은 다오샹춘의 과자

중국인들에게 월병은 단순한 과자가 아니라 '축제'이면서 일상 속에서 맛보는 특별함과 소중함을 상징한다. 월병뿐만 아니라 단오절에 먹는 쭝즈(粽子)를 비롯해 중국인들에게 전통 과자하면 떠오르는 기업이 있다. 역사와 전통을 지닌 과자집 다오샹춘(稻香村)이다.

다오샹춘은 1772년 중국 남부 지역의 쑤저우(蘇州)에서 처음 문을 연 라오쯔하오다. 남부에서 태동한 다오샹춘은 청나라 말기인 1895년 난징(南京) 출신인 궈위성(郭玉生)이라는 사람이 남부 음식에 정통한 요리사들과 함께 북방인 베이징으로 올라와 가게를 내면서 본격적으로 자리를 잡기 시작했다. 달콤한 것을 좋아하는 남방 사람들의 음식이 북방 수도인 베이징에 선을 보이게 된 것이었다.

중국 근대소설의 아버지라고 불리는 루쉰(魯迅)이 즐겨 찾았던 다오샹춘은 루쉰이 지은 에세이 곳곳에 다오샹춘의 과자 이야기가 등장한다. 루쉰은 밤늦게 글을 쓰면서 달콤한 간식을 먹는 것을 즐기는 습관이 있었다. 그는 1935년 작품 속에서 자신이 제일 좋아하는 간식이 다오샹춘

⊛ 다오샹춘에서 맛볼 수 있는 쭝즈

에서 만든 '장미 백설탕 룬자오떡(玫瑰白糖倫敎糕)'이라고 말했다. 룬자오떡은 우리나라의 술빵과 같이 부드러운 떡의 일종이다.

다오샹춘이라는 상호에는 '도향(稻香)', 즉 달콤한 벼의 향기라는 말이 들어 있다. 중국의 문학작품을 보면 벼꽃이 유난히 자주 등장한다. 중국 남

송 시기 애국 시인 중의 한 사람으로 잘 알려진 신기질(辛棄疾)의 작품을 봐도 도향이 등장한다. "벼꽃 향기는 풍년을 말해주니 개구리 소리가 한 가득 울려 퍼지네(稻花香里說丰年 听取蛙聲一片)."

다오샹춘이라는 이름은 『서유기』, 『삼국연의』 등과 더불어 중국의 4대 소설 중 하나인 『홍루몽』에도 등장한다. 다오샹춘에 대한 묘사를 보면 정겨운 분위기를 느낄 수 있다. 집은 그리 크지 않지만 나무들이 자라는 뜰이 있고 채소도 가꾸는 텃밭도 있다. 다오샹춘 집집마다 진흙으로 담을 두르고 볏짚으로 대문을 만들었으며 수백 그루의 뽕나무, 느릅나무, 석류나무, 살구나무가 심겨져 있다.

🏵 다오샹춘 초창기 시절의 모습

라오쯔하오의 4가지 조건

중국에는 특이하게도 월병 가게 중에서 '도향'으로 시작하지만 하나는 마을 촌, 하나는 봄 춘으로 끝나는 가게로 두 군데가 있다. 어떤 가게가 진짜 라오쯔하오일까? 결론부터 말하면 '마을 촌'을 쓰는 다오샹춘(稻香村)과 '봄 춘'을 쓰는 다오샹춘(稻香春) 모두 어엿한 라오쯔하오라는 점이다. 중국 전통 기업의 대명사인 라오쯔하오는 중국 상무부 산하에 있는 중화 라오쯔하오 진흥발전위원회의 심사를 통해 지정된다.

라오쯔하오가 되려면 4가지 조건을 갖추고 있어야 한다. 첫째, 역사가 길어야 한다. 특히 라오쯔하오 진흥발전위원회에서는 1956년 이전에 창립한 기업만이 라오쯔하오 자격이 있다고 명시하고 있다. 둘째, 중국 문화에 대한 기여도가 있어야 한다. 셋째, 대중적인 인지도가 있어야 한다. 마지막으로 우수한 품질이라는 조건까지 고루 만족해야 한다.

봄 춘 자가 들어가는 다오샹춘을 만든 이는 장썬룽(張森隆)이다. 그는 상하이의 찻집에서 허드렛일을 하던 일꾼이었지만 그 일을 그만두고 1914년 베이징에 상경했다. 홀몸으로 온 그가 갖고 있는 것은 손재주와 불판 하나. 그는 번화한 거리인 베이징 왕푸징(王府井)에서 고기 만둣집을 열었다. 만두를 즉석에서 구워 팔았는데 맛이 좋아 손님들이 끊이질 않았다. 베이징에 발을 붙인 그는 1916년 그동안 번 돈을 모아 다오샹춘이라는 중국 전통 제과점을 열었다. 장썬룽은 가게 이름을 다오샹춘(稻香春)이라고 지었다. 그의 호가 '봄 산'이라는 뜻의 춘산(春山)이었기 때문에 자신의 호에서 한 글자를 따서 쓴 것이다. 장썬룽은 자신이 터를 잡은 베이징 왕푸징 서북쪽에 가게를 냈다.

장쎤룽이 솜씨가 좋긴 했지만 혼자서 해나가기는 벅찼다. 그런데 베이징에서는 과자나 빵을 잘 굽는 조리사를 구하기 쉽지 않았다. 본디 정교하게 빚어야 하는 중국 전통 과자는 남방 사람들의 특기였기 때문이다. 장쎤룽은 남방 각지에서 유명한 제과 제빵사들을 모셔와 아삭아삭하면서 여운이 깃든 남방 특유의 과자들을 선보이기 시작했다. 장쎤룽의 다오샹춘 과자는 향기와 맛으로 베이징 사람들의 입맛을 사로잡을 수 있었다. 장쎤룽의 밑에서 제자로 실력을 갈고 닦은 이가 있었다. 그는 훗날 베이징 다오샹춘을 다시 일으켜 세우게 되는데, 그가 바로 베이징 다오샹춘(稻香村) 식품 그룹 창시자 류전잉(劉振英)이다.

중국 전통 과자의 본류를 되찾다

1921년생인 류전잉은 베이징에서 태어나고 자란 베이징 토박이다. 류전잉은 1936년 월병의 달인이었던 장쎤룽의 제자로 들어가 과자 빚는 법을 배우게 된다. 그에게는 다른 선택의 여지가 없었다. 마을 촌 자를 쓰는 다오샹춘은 1926년에 문을 닫았기 때문이다. 당시는 군벌들이 중국을 뒤흔들고 있던 시절이었다. 다오샹춘은 결국 1926년 잠정적으로 도산하게 되면서 반세기 가까이 문을 열지 못하게 되었다. 하지만 류전잉은 중국 전통 과자의 본류를 되살리고 싶었다. 그러기 위해 이를 악물고 계절마다 명절마다 내놓는 중국 전통 과자 제조법을 차근히 배워나갔다. 1944년 자신의 가게를 열게 된 류전잉은 마침내 전통 과자 만드는 법을 배우기 시작한 지 20년이 되던 1956년에 과자 분야와 관련된 정부 관리위원회의 부주임 자리에도 오르게 된다. 그동안 문을 걸어 잠갔던 다오샹춘(稻香村)의 명예를 회복할 수 있는 시점이 다가오고 있었다. 그에게는 복원해야 할 전통 과자가 무수히 많았다. 중국에서는 새해의 처음을 알리는 정월에는 위안샤오빙(元宵餅)을 먹고 봄에는 각종 꽃을 이용해서 장식을 한 화젠(花煎)을 먹는다. 또 여름에는 녹두로 만든 떡을, 가을에 있는 명절인 추석에는 월병을, 겨울에는 싸치마(薩其馬, 서역에서 들어온 과자로 견과류가 많이 든 유과)를 즐겨 먹는다.

이 중 다오샹춘에서 자랑하는 월병은 만드는 종류가 다양했다. 월병은 밀가루에 돼지기름인 라드, 설탕, 물엿, 달걀을 섞어 뜨거운 물로 반죽해서 껍질을 만들고 안에 팥소나 말린 과일을 넣은 다음 무늬가 있는 둥근 나무틀에 끼워 모양을 만든다. 월병 속에는 해바라기씨, 호박씨 등을 꿀과 버무린 것, 팥고물, 계란 노른자 등 다양한 소를 첨가한다. 표면에 광택을 내는 액(난황, 설탕, 캐러멜 등이 재료)을 바르고 구우면 월병이 완성된다. 지금도 다오샹춘 본점 1층 매장에는 9층으로 이루어진 '떡 탑'이 있는데, 떡 탑 층 사이사이이마다 견과류와 월병이 끼워져 보는 이들의 눈길을 사로잡는다.

다오샹춘의 창시자 류전잉 전 회장

류전잉은 다오샹춘의 대표적인 과

자인 월병 외에도 장쎤룽에게서 단오절에 먹는 전통 음식인 쭝즈 만드는 법도 배웠다. 애국 시인으로 잘 알려진 굴원이 멱라수에 몸을 던졌을 때, 굴원이 물고기의 먹이가 되지 말라는 뜻에서 강가에 던져넣었다는 쭝즈는 중국인들에게는 애국 시인에 대한 존경과 사랑을 담아 보내는 전통 음식이다.

직원의 마음을 얻어야 이윤이 생긴다

장쎤룽과 류전잉, 두 사람이 경영에서 고수하는 원칙이 있었다. 먼저 장쎤룽은 업계에서 일할 때는 확실히 치열하게 일하는 대신 보수를 두둑이 주는 것으로 유명했다. 제과점의 특성상 여러 가지 해야 할 준비도 많았고 절대 근무시간도 길었다. 다오샹춘은 오전 9시에 문을 열어 저녁 12시에 문을 닫아 근무시간이 14시간을 넘기기 일쑤였다. 업계의 다른 가게들보다는 보통 50퍼센트 이상 더 많이 근무해야 하는 상황이었다. 다오샹춘의 제품들이 만드는 족족 팔려나갔기 때문에 일손이 부족했던 것이다.

장쎤룽은 직원들이 고생하는 대신에 다른 제과점보다 보수를 50퍼센트 이상 넉넉하게 주었다. 직원들은 장쎤룽의 이런 생각을 알고 있었기 때문에 자신이 받는 초과수당 이상으로 일을 정성껏 했다. 이윤도 남고 직원들의 마음도 얻는 전략이었다.

다오샹춘에는 특별한 식사 문화가 있었다. 지금이야 회장님과의 티타임, 도시락 시간과 같이 신입사원이 들어오면 의례적으로 최고 경영진과

🏵 다오샹춘에서 만든 월병

대화를 나누는 기회가 있지만 다오샹춘처럼 매일 같이 점심과 저녁식사 시간에 이야기를 나누는 일은 드물었다. 요즘도 식탁에서 상석과 말석이 구분되고는 하는데 장썬룽은 주인이지만 신분이나 지위가 가장 낮은 사람이 앉는 말석자리에 자신이 앉아서 종업원들을 챙기고 대접했다. 항상 세 끼를 종업원들과 같이 허물없이 먹었던 것은 물론이다.

누군가에게 보이기 위해서가 아니라 직원 내부의 사기부터 올려야 가게가 살아남을 수 있다는 이유에서였다. 매일 주인이 직원들에게 차를 따라 주고 반찬을 챙겨주며 고맙다는 말로 격려를 하는 풍경이 이어졌다.

고객이 믿을 수 있을 때까지 노력하라

장썬룽에게 전통 과자 만드는 법을 배워 반세기 가까이 문을 닫았던 다오샹춘을 다시 살려낸 류전잉은 원칙 몇 가지를 고수했다. 기업은 이익을 낼 수 있어야 한다. 그러나 그 이익은 오래 가는 것이어야 한다. 한마디로 단기간에 이익을 내는 것이 아니라 중장기적으로 꾸준히 이익을 내는 체질 개선이 선행되어야 한다는 것이었다.

그의 생각은 명쾌했다. "신뢰가 제일의 명예다", "만드는 것과 파는 것은 하나다", "고객지상주의, 시장을 향해 움직여라." 이것이 '다오샹춘 정신'으로 불리는 명제다. 그는 기존 전통 과자를 만들 때 감(感)이나 눈대중에만 의존하는 방식을 바꿨다. 원재료 구매와 생산에 들어가는 재료의 비율 등이 품질 그 자체라고 보았기 때문이다.

다오샹춘은 업계 리더 기업이기 때문에 정부와 협력해서 관련 업계의 '기준'을 제정하고 있다. 떡, 과자 기업이 중국에 셀 수 없을 정도로 많은데 소비자들의 건강을 생각하면 원료는 어디서 왔는지, 문제는 없는지를 명확히 할 필요가 있기 때문이다. 다오샹춘은 월병 소에 들어가는 물의 비율, 물의 온도, 식히는 데 걸리는 시간, 완제품 색깔까지 전부 표준을 제시하고 있다. 온도를 측정할 때 온도계를 솥의 어느 위치에 놓아야 한다는 것까지도 명시하고 있다.

다오샹춘은 과거에는 3일이나 걸리던 수치화 작업도 지금은 1시간이면 완성될 수 있도록 IT 인프라를 구축했다. 시스템상에서 영업 활동을 통제하고 한눈에 알아볼 수 있기 때문에 가능한 일이다. 또 실시간으로 제품 품질에 대한 평가도 이루어진다.

다오샹춘은 원료에서부터 갓 만들어낸 과자 완제품에 이르기까지 전 과정을 컴퓨터로 모니터링하고 이를 데이터화했다. 이를 통해 식품 안전을 지키고 손님들이 알레르기 반응을 일으킬 재료는 없는지 품질 관리도 가능하도록 만든 것이다. 이렇게 품질 관리를 깐깐하게 하기 때문에 다오샹춘 제품은 미국, 캐나다, 러시아, 오스트레일리아 등에도 수출되고 있다.

월병을 만들 때는 엄격하게 만들고 팔 때는 소비자들에게 최대한 친절하게 다가가야 한다는 것이 다오샹춘의 전략이다. 전통 과자는 상품만 훌륭하게 잘 만든다고 되는 것이 아니라 서비스도 확실히 잘해야 한다는 것이다. 예를 들어 아무리 보기 좋게 잘 만든 떡이라도 이 떡은 어느 명절에 먹는 것인지 심지어는 무슨 떡인지도 알지 못하는 젊은 소비자가 상당히 많다. 그렇게 되면 소비자들의 흥미가 떨어져 좋은 품질의 과자도 그냥 지나치게 된다. 그래서 다오샹춘에서는 베이징의 100여 개 되는 점포에서 고객에게 일일이 직접 설명을 해가며 떡을 팔고 있다.

류전잉 회장이 이끄는 다오샹춘은 빠른 속도로 성장했다. 그가 부임한 1984년부터 2004년까지 20년 만에 다오샹춘의 총 자산은 창업 초기 8만 위안에서 5억 1,000만 위안으로 크게 늘었다.

배가 많아도 강은 방해받지 않는다

5대 계승자인 류전잉 회장은 1999년 임기를 마치고 은퇴한 이후에 비궈차이(畢國才) 회장이 다오샹춘의 6대 계승인이 되었다. 비궈차이는 1984년 류전잉 회장이 다오샹춘을 살려내기 시작한 그 해에 입사했다. 사실 비궈차이는 원래 한의학(중의학)을 전공한 인재 중의 인재였다. 돈도 많이 벌 수 있고 탄탄대로가 보장된 의사의 길을 뿌리치고 33세라는 그리 젊지 않은 나이에 의사에서 기업가의 세계로 발을 들이게 된다. 그 때부터 그의 인생은 새롭게 바뀌기 시작했다.

류전잉 회장은 당시 말단 사원이던 비궈차이가 계산대에서 자신에게 거스름돈을 건네주었던 일을 기억하고 있었다. 류전잉 회장이 1자오(角)를 주면서 다오샹춘에서 물건을 사자 비궈차이는 깍듯하고 친절하게 그를 대했지만 일반 손님들과 똑같이 회장을 대했다. "1자오 받았습니다. 거스름돈 여기 있습니다. 안녕히 가세요." 류전잉 회장은 훗날 이렇게 말했다.

"비궈차이는 분명 제가 회장인 것을 알고 있었을 거예요. 하지만 다른 손님들과 동등하게 대했습니다. 제가 회장이라고 좀더 잘해주거나 뭔가 그럴듯한 구실을 만들어 자기를 어필하려고도 하지 않았어요. 순수하고 때 묻지 않은, 좀처럼 보기 힘든 청년이구나 하는 인상을 받았습니다."

다오샹춘의 회장 겸 사장을 맡게 된 비궈차이가 가장 좋아하는 말은 "배가 많아도 강은 방해받지 않는다(船多不碍江)"는 말이다. 그는 이 말을 인용해서 오늘날 업계에서도 상부상조하는 파트너십을 강조한다. 이는 동업자가 많아도 서로에게 방해가 되지는 않는다는 뜻으로 업계를 크게 살리면 결국 같이 성장할 수 있을 것이란 의미다. 그는 또 '먼저 사람이고 나중에 일이다(先做人后做事)'라는 말을 좋아한다. 그러면서 자기 자신이 스스로 강해지기를 멈추지 말자는 '자강불식(自強不息)'을 강조한다.

비궈차이 회장의 경영은 '사람 중시'로 통한다. 어떤 장사를 하든지 기업의 중심에는 소비자가 있다는 것이다. 의사가 환자를 고치는 데 집중하는 게 다른 어떤 것보다 중요한 것처럼 사업도 마찬가지다. 특히 소비재를 파는 기업으로서는 당연히 소비자 중심으로 생각하는 것에서부터 경영 철학이 시작되는 셈이다. 이런 맥락에서 비궈차이는 "다오샹춘의 전략을 결정하는 사람은 제가 아니라 시장이고 소비자"라고 인터뷰를 통해 밝혔다.

또 비궈차이 회장은 "기업이 창조를 외치는 것은 쉽지만 창조적으로 성공하는 것은 결코 쉽지 않다"고 털어놓았다. 그러면서 그는 "성공하는 관건은 새로운 기술을 어떻게 오래된 전통에 적용시키고 현대적인 관리 개념을 녹여내느냐에 달려 있다"고 강조했다.

과자로만 매출 1조 원에 도전하다

해마다 신상품을 출시하고 있는 다오샹춘은 초기에는 비교적 품종이 단조로웠지만 이제는 쫑즈, 싸치마 등 전통 과자류를 비롯해 냉동식품까지 600여 가지 식품을 생산하고 있다. 다오샹춘이 추구하는 상품 다원화의 결실이다. 다오샹춘의 대표적인 제품으로는 스징월병(什景月餅)과 산둥팔보(山東八寶)가 있다. 스징월병과 산둥팔보 모두 각종 견과류와 건과일이 들어 있는 월병이다. 한국 서울 명동에 있는 다오샹춘 가게에서도 스징월병과 산둥팔보를 맛볼 수 있다. 다소 외진 곳에 있어 찾기 쉽지 않은 가게이지만 다오샹춘만의 향을 느끼려 오는 손님들의 발길은 항상 있기 마련이다.

다오샹춘에서 만든 중국 전통 과자와 떡에는 다양한 종류의 소가 들어간다. 돼지고기, 닭고기, 오리고기는 물론이고 채식주의자를 위해 야채소를 넣은 제품도 새롭게 선보였다. 참깨, 장미, 오렌지, 꿀, 파인애플, 코코넛, 녹두, 호두, 잣 등 다양한 소로 버무려낸 음식들은 커피나 차와 함께 곁들여 먹는 디저트로 각광받고 있다. 호두를 넣어서 만든 바삭바삭한 과자 타오쑤(桃蘇)도 인기 제품 중 하나다. 다오샹춘에는 '미니 월병'도 있는데, 이가 부실한 노인이나 아직 큰 월병을 베어 먹을 수 없는 어린이들도 맛있게 먹을 수 있도록 배려한 것이다.

여러 신제품이 있지만 그래도 구관이 명관이다. 설, 추석, 단오절 등 명절이 다오샹춘에는 대목 중의 대목이다. 매년 명절이 지나면 중국 언론에는 다오샹춘에서 얼마나 전통 과자가 팔렸는지 수치를 들어 그 해 서민들의 체감 경기를 전달한다.

2009년에는 신정, 구정, 원소절(元宵節, 음력 정월 보름) 기간에만 다오샹춘은 3억 6,000만 위안어치 떡과 과자를 팔았다. 이는 2008년 같은 기간보다 18퍼센트 늘어난 수치였다.

《베이징칭녠보(北京青年報)》는 2013년 1주일가량 이어진 단오절 기간에 다오샹춘이 쭝즈를 2,150톤이나 내놓았으며, 2013년 다오샹춘의 손님들도 2012년 같은 기간에 비해 30퍼센트나 늘어났다고 보도했다. 1993년 1억 위안의 매출을 내던 다오샹춘은 2008년 기준으로 연 매출이 20억 위안에 이르렀다. 특히 2008년에 벌어진 전 세계적인 금융위기에도 불구하고 연 매출이 20억 위안이 되었다는 것 자체가 고무적이라는 게 대내외의 평가다.

다오샹춘은 오늘날 중국 전통 식품 가게 중에서는 가장 큰 생산 공장에 첨단 장비를 갖추고 있다. 100여 개의 체인점과 300여 개의 판매망을 거느리게 된 다오샹춘은 2020년에는 현재 매출의 5배인 100억 위안 이상을 올리겠다는 목표를 세웠다. 전통 과자 판매로만 연 매출 1조 원을 넘겠다는 야심찬 목표다.

76세 장인의
손끝에서 태어나다

주방의 명품 장샤오취안
1663년~

맥가이버칼이 안 부럽다

유럽 여행을 다녀온 사람들이 하나쯤 선물로 들고 오는 것이 있다. 바로 스위스 아미(army) 나이프다. 맥가이버칼이라고도 불리는 이 칼은 하나의 칼에 여러 기능이 포함되는 만능 칼이다. 물체를 자르는 도구로 쓰이기도 하지만 깡통따개까지 겸용되는 편리함이 장점으로 우리에게 친숙한 물건이다. 품질 좋은 칼 하면 둘째가라면 서러운 나라가 또 있다. 독일의 헹켈칼(일명 쌍둥이칼)이라는 브랜드도 유명하다. 주로 식도, 과도 등 부엌칼의 명가로 불리는 곳으로 주부들에게는 '머스트 해브(must have)' 아이템이다.

한국에도 이와 비슷하게 한 우물을 판 상표가 있으니 쓰리쎄븐 손톱깎이(777)다. 최근에는 어떤 것도 다 썰린다는 '장미칼'이 인터넷 사용자들 사이에서 입소문을 타고 인기를 얻고 있다. 이처럼 세계 각지에서 잘 찾아보면 칼 하나, 손톱깎이 하나를 만들어도 각국에는 장인정신이 깃든 브랜드들이 하나씩 있다.

그런데 중국에는 350여년간 가위 하나로 업계를 재패한 브랜드가 있다. 바로 중국 남부 항저우(抗州) 지역에서 전통을 이어오며 가위 하나로 승부를 걸다가 지금은 명품 주방용품 회사로 거듭나고 있는 장샤오취안(張小泉)이다. 장샤오취안에 따르면 중국인 2명 중 1명은 장샤오취안 가위를 갖고 있다고 전해진다. 장샤오취안의 가위는 지금까지 누적 기준으로 7억 4,000만 개가 팔려나갔다고 하니 중국 13억 인구를 기준으로 삼으면 절반도 넘게 이 가위를 보유한 셈이다.

상하이에서 2시간 정도 떨어져 있는 항저우는 비단과 미인의 도시로 잘 알려져 있다. 항저우에서 또 하나 유명한 것이 바로 장샤오취안 가위다. 업계 최고 자리를 계속 지켜온 장샤오취안은 역사 또한 유구하다. 2013년 회사 창립 350주년을 맞은 장샤오취안은 중국 황제가 선택해 황실에서 쓰이던 가위다. 청나라 황실을 거쳐 현재 중국 국가 주요 행사에서도 장샤오취안 가위가 테이프 커팅식에 주로 쓰일 정도로 명성을 인정받고 있다. 장샤오취안에서 나오는 가위는 종류가 수십, 수백 가지가 될 정도다. 용도에 맞게 다양한 크기와 모양을 지닌 가위들을 보고 있자면 입이 떡 벌어진다.

1663년 설립된 장샤오취안은 중국 토종 브랜드

가위 하나로 중국과 전 세계를 재패한 장샤오취안

로서 처음에는 가위 전문 기업으로 시작되었지만, 이제는 칼을 비롯해 각종 주방용품을 만드는 생활용품 디자인 회사로 변모하고 있다.

　장샤오취안이 꾸준히 성장해올 수 있던 비결은 크게 두 가지로 볼 수 있다. 첫째, 장인정신이다. 장인정신을 읽을 수 있는 장샤오취안의 핵심 가치는 '양강정제(良鋼精制)'다. 즉 '좋은 철로 정교하게 만들자'는 단순하지만 확고한 목표다. 좋은 원재료에 사람의 정성을 깃들여 만들어야 최고가 될 수 있다는 판단 때문이다. 둘째, 빠른 현대화와 리(Re)브랜딩이다. 앞서 장인정신이 오랜 전통을 계승 발전시키면서도 변화하지 않는 가치를 지키는 것이라면 '빠른 현대화와 리브랜딩'은 급변하는 자본주의 시장에서도 가위라는 전통적인 상품이 사랑을 받을 수 있게 현대식 마케팅 기법과 브랜드 관리를 남들보다 먼저 도입한 것으로 해석된다. 불변하는 가치와 변화하는 가치, 두 가지를 모두 잡을 수 있었기에 장샤오취안이 351년을 맞을 수 있었다.

숨은 니즈를 찾아라

　우리는 가위를 어떤 용도로 쓰고 있을까? 보통 색종이를 자르거나 눈썹을 정리하거나 깍두기를 썰 때 가위 정도만 생각난다. 하지만 자세히 생각해보면 가위의 쓰임새는 실로 다양하다. 종이를 자르는 가위, 나무를 예쁘게 다듬는 원예용 가위, 사람의 생명을 살리는 수술용 가위도 있다. 눈썹을 다듬는 데 쓰이는 화장용 쪽가위, 칼로 자르기 어려운 재료를 서걱서걱 자르는 요리용 가위, 옷을 만들 때 천을 자르기 위한 의상 디자인용 가위, 농사일에 쓰이는 농사용 가위, 머리카락을 자르는 미용 가위, 손톱 가위, 사무용 가위, 산업용 가위, 제도용 가위, 주방용 가위 등 이루 말할 수 없이 많은 곳에서 가위가 쓰인다.

이처럼 가위라고 해서 하나만 있는 것이 아니다. 작은 것에서 큰 것에 이르기까지 가위의 역할은 세분화되어 있고 또 중요하다. 제대로 재료가 잘리지 않는다면, 혹은 가위가 오래가지 않는다면 소비자들에게 선택받을 수 없고 꾸준히 사랑받지 못한다.

하지만 아무리 가위의 종류가 다양하다고 해도 '가위는 고작 가위일 뿐' 아니냐고 말하는 사람이 있을지도 모른다. 그리고 아무 가위나 잘 드는 것으로 대충 쓰면 되지 굳이 장샤오취안을 고집해야 할 이유가 있을까 되묻는 소비자도 얼마든지 나올 수 있다.

가위 사업이 녹록지 않음은 중국의 오래된 가위 기업들의 역사를 보면 그런 고충을 읽을 수 있다. 실제로 장샤오취안처럼 가위 하나로 유명세를 탄 브랜드들이 중국에는 몇 곳이 있었다. 중국 중부 지역에서 1840년에 탄생한 차오정싱(曹正興)이라는 브랜드와 베이징에서 1651년에 생겨난 왕마쯔(王麻子) 가위가 바로 그 주인공이다. 그런데 2003년에 장샤오취안 못지않게 유명한 왕마쯔라는 가위업체가 법원에 파산신청을 했다. 중국의 가위 전설로 불리는 이 업체들을 일컫는 말까지 있었다. "남쪽에 장샤오취안이 있다면 북쪽에는 왕마쯔가 있다"라는 말이 있을 정도였기 때문에 사람들의 충격은 그만큼 컸다. 어떻게 왕마쯔는 경영난에 시달렸는데 장샤오취안은 끝까지 살아남았고 또한 혁신을 위해 달리고 있을까? 장샤오취안 회장의 말을 들어보자.

"예전 중국에서는 한 가정에 가위 1개면 충분하다고 생각했어요. 생선 손질하는 것, 옷감 잘라내는 것, 종이 자르는 것 모두 가위 하나로 하면 그만이라는 생각이 많았습니다. 이제 저희는 소비자들에게 서로 다른 용도에 맞는 가위를 쓰시라고 권하고 있습니다. 생활 속에서 장샤오취안의 가위를 쓰신다면 힘도 덜 들고 수고를 아낄 수 있다고 자신 있게 말할 수 있어요. 우리가 소비자들을 잘 설득할 수만 있다면 원래는 가위 하나를 판매하던 것을 적어도 3개 이상으로 늘릴 수 있을 것으로 보고 있습니다."

장샤오취안 회장의 말처럼 장샤오취안은 가위와 칼의 숨은 '니즈'를 찾아내는 데 부심했다. 그러자면 당연하다고 생각한 것을 당연하지 않게 만드는 작업이 먼저였다. 장샤오취안은 가위와 칼에서만큼은 어느 기업에도 지지 않겠다는 목표를 세우고 이 분야에서는 최고가 되기 위해 부심했다. 가위연구소까지 세워가며 장샤오취안에서 만들고 있는 가위는 현재 200여 종에 달한다. 서로 다른 크기의 규격만 해도 무려 700종류나 된다. 장샤오취안에서 만들고 있던 가위 종류는 불과 몇 년 전만 해도 120여 종, 규격은 360종류였다. 장샤오취안 칼 시리즈만 해도 100종류의 400개 이상의 품목이 포함되어 있다.

장샤오취안은 다양한 가위를 시장에 내놓으면서 시장 점유율에서도 선두를 달렸다. 장샤오취안의 중국 내에서 가위 시장 점유율은 40퍼센트로 1위다. 또 장샤오취안에서 생산한 가위의 36퍼센트는 해외로 수출

될 정도로 외국에서도 인기가 높다. 중국산 장샤오취안 가위가 가장 많이 팔려가는 곳이 기술력을 중시하는 일본이라는 점도 특이하다. 그 밖에 같은 중화 경제권인 타이완, 동남아시아, 수공예품 품질을 중시하는 유럽 등지에도 팔리고 있다.

🔵 장샤오취안 가위 중에서 초대형 왕가위는 기네스북에 올라 있으며, 가장 작은 가위는 3.3센티미터의 초소형 가위로 '깃털처럼 가볍다'는 평가를 받는다.

워낙 다양한 가위를 만들고 있다 보니 장샤오취안에서 만든 가위 중에는 기네스북에 오른 것도 있다. 장샤오취안이 만든 초대형 왕(王)가위는 길이 115센티미터에 무게가 무려 56.64킬로그램에 이르러 기네스북에 등재되었다. 가장 작은 가위는 3.3센티미터의 초소형 가위이며 무게는 몇 그램에 불과해 '깃털처럼 가볍다'는 평가를 받았다.

이 같은 다양한 가위 생산이 가능한 데는 숙련된 노동자들이 있었기 때문이다. 장샤오취안은 공정의 90퍼센트 이상을 기계화하면서 재료 가공법이나 가위 모양에 이르기까지 여러 개선점을 찾아 부지런히 바꾸어 왔다. 물론 여전히 기계가 대체할 수 없는 부분도 있는데 장샤오취안에는 이런 미세한 공정을 맡아줄 숙련된 일꾼들이 100여 명이나 있어 보완이 가능하다.

장샤오취안 가위는 무려 263가지의 공정을 거친 뒤 만들어진다. 그렇기 때문에 수공업으로 어느 정도까지는 좋은 가위를 만들 수 있지만 대량생산에는 한계가 있다. 이런 단점을 보완하고자 장샤오취안은 공정의 대부분을 자동화가 가능하도록 만들었다. 그래서 줄곧 수공업을 고집했던 왕마쯔 가위와 달리 살아남을 수 있었다는 평가가 나온다.

중국 최고의 칼·가위 제조업체 왕마쯔는 첨단 장비로 값싼 물건을 대량으로 쏟아내던 경쟁업체를 당해내지 못했다. 왕마쯔의 회사 경영인은 "차라리 계획경제 시대가 좋았다"고 토로하기도 했다. 과거 명성에 젖어 현대화 흐름을 외면하면 결국 쇠락하고 만다는 냉엄한 현실을 그대로 보여준 사례였다. 이와 달리 장샤오취안은 고품질 탄소강을 쓰면서 특유의 강철 연삭 기술을 적용시켰기 때문에 혁신적인 가위가 나올 수 있었다.

장샤오취안은 가위 디자인도 독특하다. 일반적인 다른 가위들은 칼날 부분이 길다. 반면 장샤오취안 가위는 사용자에게 편안함을 주기 위해 손잡이 부분을 좀더 신경을 썼다. 손잡이 부분이 작으면 가위를 쓰는 사람이 불편할 수 있기 때문이다. 어린 시절 쓰던 가위가 어른이 되고 나서는 손잡이 부분이 답답하게 느껴진 경험을 한 번쯤 해본 적이 있을 것이다. 이러한 생활 속의 작은 불편함을 바꾸어 '장샤오취안 스타일' 가위가 나오게 된 것이다.

대장간에서 시작된 성공 신화

장샤오취안은 일반적인 가위이기를 거부하고 가위를 모든 절삭용구가 갖춰야 할 '과학'적인 어떤 것으로 바꾸어놓기 위해 가위연구소를 만들었다. 어디서든 쉽게 구할 수 있는 몇 위안짜리 가위도 만들었지만, 5,000위안이 넘는 고급 특수용 칼과 가위도 생산했다. 작은 가위를 만들든 큰 가위를 만들든 정성을 다하는 것에는 변함이 없다. 장샤오취안이 지금도 적용하고 있는 수작업 공예 기법은 중국 국가문화유산으로 지정되어 보호를 받는다.

장샤오취안 장인(匠人)들이 항상 가슴에 새기고 있는 말이 있다. 중국에는 "세상에서 3가지 일이 가장 어렵다"는 속담이 있다. 첫째는 강한 철(鐵)을 다루는 일, 둘째는 물에 뜨는 배(船)를 만드는 일, 셋째는 쉽게 부서지는 부드러운 두부를 만드는 일. 그중에서 가위 만드는 일도 철을 다루는 일이라 그만큼 어렵다는 이야기다.

장샤오취안 가위는 물체에 댔을 때 깨끗하게 잘 잘라지고 사용자의 손에 맞게 가볍게 움직인다. 세밀하게 연마 작업을 거쳤기 때문에 가위날이 무척 예리하면서도 뻑뻑하지 않다는 특성을 지니고 있다. 한 번 구입하면 내구성이 워낙 좋아 오래 쓸 수 있기 때문에 사람들은 집집마다 하나씩 갖추어야 할 아이템으로 선택한 것이다.

처음에 가족 기업에서 시작해 마을 사람들에게 가위와 칼을 만들어주던 대장장이 장샤오취안은 2008년 매출 1억 8,000만 위안에서 2009년 2억 3,000만 위안으로 늘어난 어엿한 기업으로 자리를 잡았다. 영업이익은 약 1,500만 위안이다.

장샤오취안은 2008~2012년 미국과 유럽을 중심으로 한 금융위기가 왔지만 오히려 이것을 기회로 활용했다. 원자재 가격이 급락하면서 철강 등 가위를 만들 때 쓰이는 원료를 상대적으로 저렴한 가격에 사올 수 있었기 때문이다.

중국은 금융위기에도 세계에서 몇 안 되게 내수 시장이 크게 영향을 받지 않은 국가였다. 특히 제품을 살 때 고급스러우면서도 실용성을 갖춘 자국 제품을 사고자 하는 열망이 싹트는 시점이었다. 장샤오취안은 이를 놓치지 않았다. 중국 고유의 브랜드이면서 품질과 디자인을 동시에 구비하고 있는 제품이라는 이미지를 구축하는 전략을 폈다.

천하제일 명검인 룽취안검의 정기를 이어받다

장샤오취안의 역사는 1663년 청나라 강희 황제 시절(1661~1722)로 거슬러 올라간다. 장샤오취안은 사람 이름을 그대로 따서 만든 것이다. 그는 중국 안후이성(安徽省) 황산(黃山) 출신으로 중국 저장성 항저우에서 대장간을 운영하던 대장장이었다. 장샤오취안이라는 이름은 글자 그대로 작은 샘물(小泉)이다. 어머니가 그를 낳을 때 연못에서 '풍덩' 소리가 나서 샘물과 연관이 있는 아이라는 의미로 소천(小泉)이라고 지었다는 유래가 있다.

그는 손재주가 좋았다. 명나라 때부터 대장간을 운영하고 있던 아버지에게서 칼을 비롯한 각종 공구를 만들고 철을 벼리는 법부터 배웠다. 그는 자기를 찾아주는 손님들을 성실하게 대했다. 사람들은 한 번 쓰면 오래가고 잘 드는 칼을 만드는 그를 자주 찾았다. 그는 칼을 잘 만들기도 했지만 원래부터 그가 사는 지역의 철이 좋았던 까닭도 있었다. 좋은 철을 원료로 해서 만들었기 때문에 내구성이 좋을 수밖에 없었다.

재미있는 사실은 중국 저장성 항저우에서 가까운 곳에 '명검(名劍)의 본고장'으로 불리는 룽취안(龍泉)이 있다는 점이다. 룽취안은 천하제일 명검이라는 '룽취안검(龍泉劍)'으로 유명하다. 무협 만화에도 종종 나오는 그 용천검이다. '와신상담'의 고사로 유명한 월나라 왕은 복수를 위해 룽취안검을 만들라고 지시한다. 월왕의 명을 받들어 '구야'라는 사람이 룽취안산 아래 흐르는 못의 물로 이 칼을 만들었다고 전해진다.

춘추전국시대 때부터 룽취안은 검(劍)의 고장이었다. 이런 까닭에 항저우 일대는 곧 검의 고향이었다. 이 근방에서만 이름을 떨치는 칼 공장이 서른 개가 넘고 몇 대째 이어서 하는 경우가 많았다. 웬만큼 역사를 지니고 있지 않은 대장간은 명함도 못 내밀 정도였다. 저장성 룽취안 인근에 있는 장샤오취안도 그런 곳 중 하나였다.

장샤오취안의 공식 홈페이지에 가보면 그가 마을 사람들을 보호하기 위해 자신이 만든 칼을 가지고 검은 뱀을 물리쳤다는 이야기가 나온다. 마을 사람들이 마시는 우물물을 혼탁하게 만든 못된 뱀을 예리한 검으로 처치한다는 구전설화다. 옛 전설이라 다소 과장된 듯한 측면도 없지 않지만 그만큼 장샤오취안의 칼도 룽취안검 못지않게 유명하고 사람들에게 신비롭게 다가오기 때문에 드라마틱한 전설을 통해 우수성을 알리고자 했던 것으로 보인다.

장샤오취안은 싸울 때 쓰는 '검'보다는 일상생활을 편리하게 하는 '칼'

에 눈을 돌렸다. 사실 그의 대장간 주변에는 항저우에서도 유명한 상업 지구가 즐비했다. 항저우는 중국 저장성의 수도였다. 중국 저장성은 중국 국토의 1.1퍼센트에 지나지 않지만 가장 살기 좋은 곳으로 꼽히는 옥토로 잘 알려져 있다. 옛 중국 속담에서도 항저우는 천당에 비견되는 곳이다. "하늘에는 천당이 있다면 땅에는 쑤저우와 항저우가 있다(上有天堂下有蘇杭)"는 말로 잘 알려져 있다. 항저우는 아름다운 자연 경관으로 유

公司简介

　唯有情感剪不断...张小泉，百年老字号企业，始创于清·康熙二年（公元1663年），至今已历时349年。张小泉品牌第一次正式经清政府农工商部注册的商标，已有108年的历史。
　"张小泉"品牌创始人张小泉首创以镶钢锻打为关键技术经过多年的精心总结，创立扬名天下的72道制剪工艺。三百多年来，张小泉秉承"良钢精作"的祖训，坚持良心用好钢，用心制好剪工匠精神，在一代又一代张小泉人的传承和不懈努力下，终使张小泉刀剪产品成为中国传统工业的一朵奇葩，并伴随中华民族的风风雨雨，一路走来，与时俱进，历经300多年，仍生机盎然。
　1997年张小泉商标被国家工商总局认定为我国刀剪行业第一个驰名商标、获原产地注册保护；产品被认定为中国著名品牌、中国刀剪行业十大著名品牌、全国用户满意产品、全国市场畅销产品，其传统锻造技艺被国务院认定为非物质文化遗产重点保护。

◉ 장샤오취안 가위는 청나라 건륭 황제에게서 품질을 인정받아 황실에서 쓰는 가위로 명성을 얻게 되었다.

131

명하다. 또 중국 문명의 젖줄인 양쯔강을 품에 안고 있기 때문에 천혜의 자연 조건을 갖추고 있다. 넉넉한 물길 위로 많은 물자가 오고 가면서 지역 경제도 꽃피우기 시작했다.

항저우에는 먹고 입는 것이 풍족하다 보니 문화를 즐기려는 수요도 그만큼 많았다. 그래서 더 정밀하고 고도화된 기술이 발달할 수 있게끔 투자가 이루어졌고 인재들도 그 기술을 몸에 익히기 좋은 환경이 조성되었다. 항저우가 예술과 기술의 중심지가 될 수 있던 배경도 거기에 있다. 이러한 배경도 장샤오취안의 사업이 날로 번창하는 데 도움을 준 것으로 보인다.

장샤오취안은 청나라 황제였던 건륭 황제가 1781년에 항저우 남쪽으로 여행을 오게 되면서 황실과의 인연을 맺게 된다. 항저우에 여행 온 건륭 황제는 우연히 장샤오취안의 가위를 사들이게 되었는데 그때부터 품질을 인정받아 황실에서 쓰는 가위로 명성을 얻게 된다. 장샤오취안에서 만든 가위는 황제에게 선물되는 어엿한 공물로 자리매김하면서 번창하기 시작했다. 하지만 장샤오취안이 인기를 얻으면서 이를 도용하거나 위조하려는 움직임이 중국 도처에서 일어났다. 결국 1876년에 장샤오취안 브랜드는 황실에서 인정하는 공식 브랜드라는 허가를 받기 위한 작업에 돌입한다. 브랜드 다지기에 나선 건 1900년대 장샤오취안을 이끌던 인물인 장씨 집안의 8대 자손 장쭈잉(張祖盈)이었다. 장샤오취안 대표였던 장쭈잉은 가위 장인들과 도제들을 80여 명을 두고 장샤오취안의 세를 불려나갔다. 그는 일찌감치 상표 등록과 브랜드의 중요성에 눈 뜨고 있었다.

브랜드를 각인시키기 위한 작업의 일환으로 1904년에 장샤오취안은 별 모양의 무늬로 된 브랜드 CI(corporate image, 기업 이미지)를 처음으로 만들게 되었다. 아직 상표법이나 CI라는 개념이 낯설던 시절에 장샤오취안은 일찍부터 그 중요성을 알고 있었던 것이다. 장샤오취안은 상표 등록의 중요성을 인지하고 '장샤오취안 가위' 브랜드 CI를 만들어 중국 최초의 상표법에 적용시킨다. 장샤오취안이 처음으로 만든 이미지에서 별 모양 안에 새겨져 있는 것은 고대 문자로 '장샤오취안'이라는 글자다.

브랜드를 정립하면서 장샤오취안은 해외로 서서히 진출하기 시작한다. 1910년 장샤오취안 가위는 국제 제품 전시회에서 상을 받았다. 1913년에는 중국 내에서 열린 국가 전람회에서 2등상을 받고 1915년에는 파나마 국제 박람회 수상 경력을 자랑하는 가위가 되면서 유럽, 미국 지역으로 판로를 뚫을 채비를 했다. 1926년 필라델피아에서 열린 제품 박람회에서 은상을 수상하고 1929년 항저우 시후(西湖) 박람회에서는 대상을 차지하는 등 장샤오취안 브랜드는 해를 거듭하면서 국가대표 가위로 성장해갔다.

국가 무형 문화유산으로 1만 년 성장을 준비하다

장샤오취안은 국내외에서 지명도를 얻어가고 있었다. 하지만 제1·2차 세계대전을 겪으면서 중국의 가위 업계는 물론이고 중국 경제 자체가 사실상 거의 마비되다시피 했다. 당시 장샤오취안은 전쟁으로 입은 재난

탓에 무거운 손실을 입고 파산 직전에 몰리게 되었다. 하지만 1949년 신중국이 건국되면서 장샤오취안 가위는 주위의 가위 업체들과 힘을 모아 다시 '신입생'이 된 기분으로 사업을 시작하기로 했다.

1951년 항저우 가위 산업은 쇠가 용광로에 들어가서 녹아 하나가 되는 것과 같은 거대한 변혁을 겪게 되었다. 1953년부터 중국 정부는 '장샤오취안' 브랜드를 중심으로 전쟁 이후 쑥대밭이 된 기업체와 업계에 잔뼈가 굵은 가위 장인들을 모으기 시작했다. 전통적인 국가 브랜드인 장샤오취안은 명맥을 계속 보존하면서도 가위 산업의 시스템을 새롭게 세우기 위한 일종의 생산협동조합을 설립하게 된 것이다.

1954년 항저우의 하이웨차오(海月橋)라는 지역에는 가위 장인 423명이 모였다. 가위 업계가 다시 살아난다는 소문을 듣고 모여든 전직 장인들이었다. 1955년에는 이 가위 장인이 527명으로 늘어나게 되었다. 1956년에는 장샤오취안을 비롯한 32개 가위 업체가 모여서 공사(公私) 합작회사를 만들었다. 1956년은 장샤오취안에 일대 전환기가 마련된 해이기도 하다. 중국의 최고 지도자로 지금도 중국인들에게 영향력이 상당한 마오쩌둥이 수공업의 중요성을 강조하고 나섰기 때문이다.

그는 장샤오취안의 이름을 직접 거론했는데, 사회를 좋게 만드는 데는 무엇보다 수공업이 필요하다고 역설하면서 "항저우의 장샤오취안은 1만 년이 지나도 훼손되어서는 안 된다"고 하며 그 뒤를 확실하게 뒷받침해 주어야 한다고 말했다. 전통적인 가위 산업을 영위하고 있던 장샤오취안은 마침 현대적인 사업체로 거듭날 수 있는 전환점이 된 시기에 정부의 도움으로 탄력을 받게 된 것이다.

정부의 전폭적인 지지를 받은 장샤오취안은 1957년 항저우 가위 공장이 중국에서 가장 큰 가위 공장으로 우뚝 서게 되었다. 1958년 직공 수는 816명으로 늘게 되고 같은 해 8월 1일 항저우시는 공식적으로 장샤오취안 가위 공장을 지방 국유기업으로 임명했다. 장샤오취안 가위는 1963년 남아시아 5개국 대통령에게 전달되는 국빈급 선물이 되었다. 1965년 이후 장샤오취안은 5년 연속으로 품질 우수상을 받으며 품질을 높여나갔다.

1993년은 장샤오취안에 의미 있는 해였다. 기업 자체적으로 자금을 조달해 중국에서 유일하게 가위박물관을 세웠기 때문이다. 1997년 장샤오취안은 중국 정부에서 국가를 대표하는 브랜드에만 주는 '지명 상표'로 자리 잡게 되었다. 장샤오취안은 2002년 ISO9001을 통해 품질경영시스템인증을 받았고, 2006년에는 국가 무형 문화유산으로 지정되어 보호되기에 이르렀다. 장샤오취안의 가위 만드는 기술이 무형문화재가 된 것이다.

2007년 11월 장샤오취안은 브랜드를 재정비하고 사업을 다각화하는 작업에 돌입했다. 장샤오취안은 원래부터 주 종목이었던 칼과 가위를 비롯해 식기, 조리기구 등 장샤오취안의 기술을 응용해 만든 다른 제품들도 판매하기에 이르렀다. 이제 칼과 가위에만 매달려서는 안 된다는 것을 알았기 때문이다. 이 두 분야에서 소비자의 니즈가 줄어들면 금방 사업이 망가질 수도 있었다. 따라서 기술을 충분히 활용할 수 있을 만큼 제

품 연관성이 높으면서도 경쟁력을 가질 수 있는 주방용품 분야에서 새
로운 시장을 개척하기 시작한 것이다.

장샤오취안은 푸춘(富春) 그룹과 전략적 제휴 관계를 맺고 합작했다. 푸
춘 그룹은 컨설팅을 통해서 장샤오취안이 전통과 혁신 사이에서 균형을
잡을 수 있게 조언하고 브랜드를 관리하는 역할을 맡게 되었다. 2009년부
터 전략적 투자자인 항저우 푸춘투자유한공사는 장샤오취안의 개발 전
략과 비전을 제시하게 되었다. 장샤오취안 브랜드 운영을 포괄적으로 통
합하기 시작한 것이다. 제품 혁신을 비롯해 다양한 제품 라인업을 갖추게
된 것도 이때부터의 일이다.

원가는 낮추고 이윤은 높이자

장샤오취안 성공의 배경에는 장샤오취안의 고향인 저장성 항저우시
가 뒷받침이 되었다고도 볼 수 있다. 저장성에 있는 기업체들이 모인 산
업 기지는 '상품은 작지만, 시장은 크게, 원가는 낮추고 이윤은 높이자'
는 구호 아래 모였다. 저장성 경제 클러스터는 중국에서 비교적 이른 시
기부터 발전을 했으며 규모도 크고 활성화된 산업 기지로 역할을 하고
있다.

저장성 통계에 따르면 현재 저장성에는 공업 총 생산액이 1억 120만
위안을 넘는 경제 클러스터가 무려 500여 개나 있다고 한다. 또 저장성
경제 클러스터 내에만 175개 산업 분야를 망라하는 24만여 개 기업들
이 있다. 저장성 경제 클러스터를 합친 생산액은 저장성의 총 생산액의

50퍼센트를 점할 만큼 비중이 높다. 기업의 경쟁력도 상당하다. 저장성 클러스터 내에 있는 52개 산업 부문은 중국 내에서 시장 점유율이 30퍼센트 이상이다. 또 14개 분야는 세계 시장점유율의 10퍼센트 이상을 차지할 정도로 존재감을 확보하고 있다.

저장성 사람들은 중국 전국 각지뿐 아니라 러시아와 중동 등지에도 자신들의 시장을 설립했다. 저장성에 있는 대표적인 시장들은 모든 생활용품을 포괄하며 촘촘한 거래망을 형성하고 있다. 대표적인 저장성의 시장을 살펴보면 이우중국소상품타운(義烏中國小商品城)과 사오싱중국경방타운(紹興中國輕紡城, 경공업과 방직공업)이 있다. 이 모두 중국 최대 규모를 자랑하는 전문 시장들이다.

이우중국소상품타운에는 무려 32만 가지나 되는 상품이 있다. 실, 넥타이, 양말 등 각종 직물에서부터 시계 같은 액세서리, 철물 제품, 일용잡화, 전자전기 제품, 완구, 화장품 등 거의 모든 일용품이 있다. 그중 액세서리, 양말, 완구의 판매량은 중국 전체 시장의 3분의 1을 점한다. 품질이 좋고 가격이 저렴하며 품종이 다양해 국제시장에서 경쟁력이 막강하다.

특히 저장성은 중국 실크 생산의 중심지이자 수출 기지다. 종류도 다양하고 품질 또한 우수해서 당나라 때는 진상품으로 올리기도 했다. 항저우의 실크 자수 제품은 항슈(杭繡)라고 불리는데, 실크 양산과 부채가 유명하다. 실제로 항저우 85퍼센트의 지역에서 누에가 생산되며 품질도 양호하다. 항저우를 대표하는 다른 제품으로는 장샤오취안 가위를 비롯해서 앞서 언급한 룽취안검 외에도 후저우(湖州)의 붓인 후비(湖筆), 깃털 부채 등이 있다.

그러므로 어떤 물건이든 저장성에서 승부를 본다면 세계에서 승부를 볼 수 있는 실력이 검증된 것이라 보아도 좋다. 장샤오취안 가위도 세계로 뻗어나가기에 앞서 먼저 홈그라운드에서 호평부터 받으며 입지를 굳혔다.

숙련공의 노령화를 해결하라

장샤오취안은 중국 전통 산업인 가위를 잘 만드는 장인정신은 그대로 지켜가는 한편 이제 새롭게 부상하고 있는 여러 난관을 뚫고 브랜드 가치를 높이는 데 주력하고 있다. 장샤오취안이 안고 있는 최대 고민은 바로 '인재' 문제다.

중국에는 "부자가 되기도 전에 먼저 늙어버린다(未富先老)"는 말이 있다. 그만큼 중국의 노령화는 다른 어느 나라보다 빠르다. 실제로 중국은 이제 막 경제가 발전하려고 하는 단계인데, 꽃도 피우기도 전에 노령화가 되어 문제라는 지적을 받아왔다. 2012년 중국에는 60세 이상 노인 인구가 1억 9,390만 명(전체의 14.3퍼센트)이나 되는 것으로 조사되었다. 2050년에는 60세 이상 인구가 4억 8,700만 명으로 정점에 이를 것으로 예상된다. 즉, 이때쯤 되면 중국 인구 3명 중 1명꼴로 노인인 '늙은 중국'이 된다는 이야기다. 노령화로 인해 가장 타격을 받는 곳은 다름 아닌 제조업이다. 숙련공들이 나이를 먹고 있는 반면 젊은이들은 힘들고 고된 일에 뛰어들지 않는다.

어느 나라보다 빨리 노령화가 진행되고 있는 중국에서 이런 현상은 흔하다. 장샤오취안도 예외는 아니다. 2009년 장샤오취안은 신규 직원을 160명을 모집한다는 방을 내걸었다. 전체 직원이 1,000여 명인 상황에서 160명은 상당히 많은 숫자였다. 왜 그랬을까? 답은 숙련공 때문이었다.

장샤오취안에서 가위 장인 혹은 마스터로 불릴 만한 인물은 100여 명 남짓이다. 그러나 여기에서 정말로 능숙하게 예전 방식으로 가위를 만들 수 있는 직원은 엄밀히 말하면 40여 명에 불과하다. 그것도 75세 이상 노인들이 대부분인 형편이다. 장샤오취안에서 일해온 76세인 한 노인은 무려 14세 때부터 장샤오취안 공장에서 가위를 만들었다. 그의 하루 일과는 보통 새벽 2~3시에 일어나서 저녁 8~9시까지 일하면서 끝난다. 물론 그보다 늦어질 때도 종종 있다.

최근 젊은이들은 이처럼 장시간 일하는 자리를 잘 가지 않으려고 하는 경향이 있다. 하지만 장샤오취안에 젊은 인재는 반드시 필요한 요소다. 숙련공으로 키워낼 사람 못지않게 중요한 것은 바로 마케팅과 연구개발(R&D) 등 분야에서 인재를 끌어오는 것이었다. 장샤오취안은 이를 위해 과감한 결정을 내렸다. 마케팅 부사장, 제품 관리자, 웹 디자인, 카피라이팅 직원, 상품 디자이너 등 160명을 한꺼번에 모집했다. 양쉬둥(楊旭東) 인력자원부 부장은 "장샤오취안 직원들의 평균 연령이 45세 이상이 되기 전에 인력 충원이 필요했다"고 말했다.

장샤오취안은 대학을 중심으로 직업 박람회를 개최했다. 또 매년 40~50명의 연수생을 선발해 장샤오취안이 인재 훈련 기지로 활용될 수 있도록 했다. 장샤오취안은 매년 200가지 이상의 새로운 발명품을 만들겠다는 각오를 갖고 있다. 이처럼 새로운 상품을 만들기 위해서는 공정 설계, 제품 디자인, 금형 설계가 필요하고 이에 따른 R&D 인력이 많이 필요하다.

이렇게 적극적인 인재 채용은 2007년 11월에 전략적 제휴를 맺은 푸춘(富春)그룹의 조언에서 비롯되었다. 2007년 푸춘그룹의 컨설팅 덕에 장샤오취안은 불과 1년 사이에 매출이 거의 2배 가까이 뛰는 등 큰 혁신을 이루었다.

판매망을 넓혀라

장샤오취안의 품질은 이전부터 검증이 되었다. 하지만 오래된 브랜드 가치가 계속 유지되기 위해서는 핵심 경쟁력을 바탕으로 분야를 넓힐 필요가 있다. 장샤오취안은 더는 가위와 칼만 만드는 기업이 아니다. 종합용품 브랜드로 거듭났다는 표현이 맞다. 물론 그 핵심 기술은 철을 자유자재로 다루는 능력에 있다. 기존에 갖고 있던 장점을 최대한 활용하되 보다 디자인이 좋은 제품, 장샤오취안이 주는 브랜드 가치를 누릴 수 있는 제품을 만들어 판매하고 있는 것이다.

최근에는 주방용품까지 영역을 넓힌 장샤오취안은 칼과 가위를 잘 만들 수 있다는 점을 활용해 의료용 절삭기구로 영역을 확장했다. 가벼우면서도 디자인이 유려하고 사용하기에 편리한 수저, 국자, 도마 세트 등 여러 제품을 만들고 있다.

이 같은 노하우는 디자인이 중요시되는 가구에 연결되었다. 가구 제품은 주로 기술력으로 판가름이 나는 고급화 제품으로 승부를 걸었다. 제품은 다변화가 되었지만 전혀 엉뚱한 분야는 아니었다. 모든 것의 기본이 되는 철을 다루는 기술을 생활 속에 접목시킨 것이다.

이처럼 장샤오취안의 제품 혁신과 마케팅은 소비자들의 삶이 요구하는 대로 움직였다. R&D 부서도 소비자의 니즈에 맞게 지속적으로 변화했다. 장샤오취안은 또 좋은 브랜드가 마케팅 혁신과 기업 문화, 소비자에 어필하는데도 중요함을 인식하고 있었다.

장샤오취안은 자신의 브랜드를 전통적인 럭셔리 업체의 반열에 올릴 날을 꿈꾸고 있다. 스위스 아미 나이프를 비롯해 장샤오취안의 경쟁 대상은 프랑스의 명품 가방업체인 에르메스(Hermes)와 이탈리아 최고급 양복업체 에르메네질도 제냐(Ermenegildo Zegna), 크리스털 제품의 최고봉 스와로브스키(Swarovski) 등이다.

에르메스는 마구(馬具)를 만들던 가족에 의해 1837년 시작된 수공업체이지만, 지금은 명품 가방을 비롯해 세계에서 가장 중요하고 유명한 패션 브랜드가 되었다. 최고가 양복으로 알려진 이탈리아 제냐는 1910년 이탈리아에서 처음 시작되었다. 스와로브스키는 1895년 시작되어 아름다운 크리스털 제품들을 만들어낸다. 이들 브랜드의 공통점은 오래된 가운데 혁신을 추구했다는 것이다.

판매 부문에서도 장샤오취안은 소비자의 니즈를 읽어내 판매 루트를 다변화하고 있다. 장샤오취안 가위는 항저우 외에도 광저우, 충칭을 비롯해 베이징, 톈진, 상하이 등 중국 8곳의 도시에 직접 생산되고 공급·판매되고 있다. 또 세계 40개 이상의 국가와 지역에 수출되고 있다.

장샤오취안은 70개 이상의 쇼핑몰에서 판매되고 있으며 슈퍼마켓 점포에 따라서는 특별히 장샤오취안 카운터를 만들어 따로 판매를 하기도 한다. 중국 내에서는 1,000곳 이상의 매장에서 장샤오취안 가위의 기능을 소개해주고 제품을 직접 체험해볼 수 있다. 장샤오취안의 가위를 인터넷에서도 사려는 움직임이 일고 있다. 장샤오취안은 중국 소비자들 사이에서 인정을 받고 더 가까이 다가가기 위해 중국에서 큰 인기를 끌고 있는 인터넷 쇼핑을 판매망으로 적극 활용했다.

중국 최고의 인터넷 업체 알리바바가 거느리고 있는 인터넷 홈쇼핑 타오바오(淘宝) 등에서는 장샤오취안의 정품 가위와 칼을 살 수 있다. 이제 중국인들은 앉아서도 편리하게 장샤오취안의 350여년 역사를 손에 쥘 수 있게 된 것이다. 젊은 주부들을 비롯해 바빠서 매장에 들를 수 없는 이들에게 보다 편리한 구매 루트가 생긴 셈이다.

제 3 부

리

"청나라에 투자해주십시오.
서양의 기술을 전수해주십시오."

사람이 높아져야
이윤도 높아진다

국민 음료수 왕라오지
1828년~

코카콜라를 넘어섰다

세계에서 가장 브랜드 가치가 높은 기업은 어디일까? 우리가 매일 사용하는 인터넷 검색 서비스 구글일까? 아니면 빌 게이츠의 마이크로소프트(MS)일까?

정답은 바로 코카콜라다. 코카콜라의 브랜드 가치는 2012년 기준으로 무려 778억 달러에 달한다. 우리 돈으로 86조 원이다. 미국 기업을 넘어서서 세계적인 기업인 코카콜라는 지난 7년 동안 한 번도 브랜드 가치 1위 자리를 놓쳐본 적이 없다. 심지어 아프리카의 부시맨도 코카콜라는 안다고 할 정도로 빨간색과 흰색의 로고가 새겨진 이 음료수를 모르는 사람은 거의 없기 때문이다.

그런데 중국에서는 이 코카콜라의 아성을 누른 기업이 있다. 바로 '국민 음료수'로 불리는 왕라오지(王老吉)다. 왕라오지는 '중국판 코카콜라'라고 해도 지나치지 않을 만큼 존재감이 또렷하다.

흔히 KFC나 맥도날드 같은 패스트푸드점에 가면 펩시콜라, 코카콜라, 사이다처럼 탄산음료를 마신다. 기름기가 많은 음식은 청량 음료를 같이 마셔야 속이 개운하기 때문이다. 그런데 중국 사람들은 닭튀김이나 햄버거를 먹으면서 희한하게도 빨간색 캔으로 된 음료수를 꿀꺽꿀꺽 마신다. 남녀노소 할 것 없이 이 음료수를 들고 마신다. 중국의 어떤 슈퍼마켓을 들어가 보더라도 이 빨간색 캔 음료수를 발견할 수 있다. 아이에서 어른까지 좋아하고, 중국, 홍콩, 타이완 등 화교권 사람들이라면 모르는 이가 없는 이 범상치 않은 음료가 왕라오지다.

🔵 중국인들은 남녀노소 할 것 없이 빨간색 캔으로 된 왕라오지를 마신다.

왕라오지의 인기가 높은 곳은 패스트푸드점만이 아니다. 중국 사람들이 밤을 새면서 축구를 볼 때, 마작을 하면서 밤을 지새울 때, 심지어는 호텔 등에서 열리는 럭셔리한 연회 자리에서도 왕라오지가 테이블에 놓여 있는 모습을 쉽게 볼 수 있다. 중국에서는 고급 식당에서 열리는 호사스러운 잔치의 기준이 마오타이(茅台) 술, 중화(中華) 담배, 왕라오지가 있느냐로 결정된다는 말이 나올 정도가 되었다.

왕라오지를 마셔보면 약간 달큰한 대추 맛과 한약재 맛이 난다. 처음에는 '이게 무슨 맛이야' 하며 묘하다는 생각이 들지만 계속 마시다 보면 어느새 은근히 중독되는 기분마저 느낄 수 있다.

중국에서 왕라오지의 인기가 코카콜라보다 높다는 것은 숫자를 통해 확실히 증명되었다. 왕라오지를 생산하는 광저우의약그룹공사(廣州醫藥集團公司)는 왕라오지로 2조 8,000억 원이 넘는 매출을 2011년 한 해에 올렸다고 발표했다. 이때 중국에서는 자기 나라 브랜드 음료수가 세계적인 브랜드 코카콜라의 중국 내 매출을 뛰어넘었다며 환호성을 질렀다.

왕라오지는 꾸준히 매출을 올리면서 브랜드 가치도 높여왔다. 중국판 포브스로 불리는 후룬(胡潤) 리포트에 따르면, 2010년 발표된 왕라오지의 '몸값'은 무려 18조 원인 것으로 조사되었다고 한다. 왕라오지는 여타 중국 기업들에 비해 빠르게 브랜드 가치가 높아진 상표 중 하나다. 왕라오지는 확실히 중화권에서는 국민 음료수, 그 이상의 어떤 것이다. 또한 왕라오지는 전 세대를 아우르는 국민 음료수다. 왕라오지는 마음에 위로를 주는 '힐링' 음료이기도 하다.

왕라오지는 중국 음료수 시장에서 점유율 1위 기업으로 굳건하게 자리를 지키고 있다. 정보조사업체 AC닐슨에 따르면, 2012년 1~10월 기간 중에 량차(凉茶) 음료수 시장에서 왕라오지의 시장점유율은 42.6퍼센트인 것으로 조사되었다고 한다. 중국 량차 시장은 음료수 중에서도 다섯 손가락 안에 꼽히는 음료수 시장으로 커졌다. 310밀리리터 캔에 담긴, 우리 돈 600원 정도인 음료수 왕라오지가 어떻게 13억 중국인의 마음을 사로잡았을까?

사람의 생명을 구한 량차

왕라오지의 역사는 1828년 청나라 때로 거슬러 올라간다. 무려 180년
이 넘게 사랑받아온 장수 기업인 셈이다. 1828년 중국 남부에 있는 광저
우에는 전염병이 돌고 있었다. 사람들은 쉽게 지쳐 쓰러져갔다. 그때 왕
택방(王澤邦)이라는 사람이 나타났다. 그는 환자들을 구하기 위해 자신
을 실험 대상으로 삼아 약차(藥茶)를 달여 직접 먹어보았다. 그런데 효과
가 제법 있었다. 약차의 효능에 자신을 갖게 된 그는 사람들에게 자신이
만든 차를 나눠주었다.

바로 왕택방의 량차가 왕라오지의 효시다. 그는 몸에 좋은 약차를 가
지고 사람들을 고통스럽게 했던 몸의 통증도 없애주고 천연두 등 여러
전염병도 고쳐냈다. 량차가 약(藥)이 된다고 해서 약차로도 불리게 된 것
도 이즈음이다.

비싼 돈을 들이지 않아도 일상생활에서 접할 수 있는 최고의 치료법을
만들어낸 왕택방은 당시에 크게 이름을 날리게 되었다. 그리고 왕택방이
사람들을 살려낸 사실을 듣게 된 선종 황제는 그를 태의원(太醫院) 원령
으로 봉하기도 했다. 일종의 국의(國醫)가 된 것이다. 사람도 살리고 명성
도 얻게 해준 량차는 왕택방에게 효자였다.

그가 만든 량차의 효능은 다양했다. 사시사철 감기 기운이 있을 때 마
실 수 있다는 것이 특징이었다. 량차에는 기침을 그치게 하는 효능이 있

었기 때문이다. 실제로 왕라오지에 들어가는 제비풀은 붓기를 가라앉히고 국화꽃은 간(肝) 해독과 해열을 돕는다. 감초는 폐를 맑게 하는 작용을 하는 것으로 알려져 있다.

왕택방은 좀더 많은 사람에게 자신이 개발한 차를 알리기 위해 1837년 광저우에 량차 전문점을 열었다. 왕라오지라는 브랜드 이름은 왕택방의 아명에서 땄다. 그의 어렸을 때 이름은 왕길(王吉, 왕지). 여기에 '형님'을 친하게, 때로는 존경의 의미를 담아 부를 때 쓰는 '라오(老)'를 중간에 붙여 '왕라오지'라는 브랜드가 탄생하게 되었다. 이때부터 왕라오지는 본격적으로 량차 시장을 형성하게 되었다.

왕택방의 량차 전문점은 대대로 이어져 내려왔다. 특히 왕택방이 1대로 왕라오지를 만든 뒤 3대 계승인이 된 손자인 왕항유(王恒裕)는 1870년에 홍콩에서 점포를 개설하면서 왕

● 왕택방의 얼굴을 새겨진 옛 포스터. 사시사철 감기가 들었을 때, 더위를 가라앉히고 열을 식히는 데, 구토나 설사에도 잘 듣는다고 선전하고 있다.

라오지 량차점을 더욱 발전시켰다.

또 하나 특이한 사실은 청나라 말기의 정치가였던 임칙서(林則徐)가 왕라오지를 마시고서 큰 효과를 보았다는 것이다. 임칙서는 암행어사처럼 남의 눈을 피하기 위해 수수한 차림으로 왕라오지 가게에 들른 적이 있었다. 차를 마시고 몸이 개운해진 임칙서는 "효과가 정말 좋다"며 기뻐했다. 훗날 사람을 보내 금박 3개를 입힌 큰 항아리를 왕택방에게 감사의 뜻으로 선물했다는 기록이 전해져 내려온다.

지금도 광저우나 홍콩 길거리에는 여기저기에 량차 전문점들이 있다. 스타벅스 커피 못지 않게 량차 체인점들을 쉽게 만날 수 있다. 심지어는 약국에서도 량차를 달여서 종이컵이나 페트병에 담아 팔기도 한다.

중국인들의 일상생활에 깊이 녹아들어 있는 량차는 광둥성의 무더운 기후를 이기게 해주는 음료수로 애용되는 기호품이다. 유럽의 카페 문화 못지않은 유산인 셈이다. 량차는 2006년 국가무형문화유산 목록에 포함되어 문화적인 상품으로 그 가치를 인정받았다.

상훠를 다스리다

사람들은 꾸준히 량차를 마셔오긴 했지만, 본격적으로 대량 생산 체제를 갖추기 시작한 것은 왕라오지가 처음이다. 그래서 왕라오지는 중국에서 '량차의 왕'으로 불린다. 지금이야 왕라오지로 음료 시장을 석권했지만 왕라오지가 처음부터 잘 나갔던 것은 아니다.

처음에 중국 사람들에게 왕라오지는 홍콩이나 광둥 지역 등 일부 지역에서나 먹는 '지역' 브랜드라고 인식되었다. 또 조상에게 물려받았거나 몸에 좋은 량차의 제조 비법을 빌려왔지만, 막상 전통 량차와는 맛이 다소 달랐다. 일반 음료수도 아니고 그렇다고 전통 량차도 아닌 왕라오지는 2000년대 초만 해도 부진했다. 홍콩에서야 잘나가던 브랜드였지만 중국 대륙에서도 통할지는 미지수였다. 사실 왕라오지를 본격적으로 발전시킬 수 있던 이유는 소비자의 숨은 니즈를 파악했기 때문이다.

왕라오지 마케팅 담당 인력들은 그동안 사람들이 왜 왕라오지를 마시게 되었을지 연구하기 시작했다. 소비자들이 말하지 않고 무의식중에 손에 왕라오지를 들게 된 숨은 '진짜 이유'를 찾은 것이다. 그리고 그 이유를 알아냈다. 이들은 소비자들이 '상훠(上火)', 즉 '화(火)'가 '올라왔을 때(上)' 왕라오지를 마신다는 사실을 알게 되었다.

상훠라는 단어를 보면 불이 올라온다는 뜻으로 이해할 수 있는데, 예를 들면 아주 맵고 자극적인 음식을 먹으면 몸의 균형이 깨지는 것이 바로 '상훠'다. 평상시에 스트레스를 받거나 걱정을 많이 하는 것도 '상훠'의 증상이다. 얼굴에 뾰루지가 나거나 입술이 부르트거나 머리가 아픈 이유도 상훠 때문일 가능성이 높다. 대변이 건조해지거나 입안이나 콧속에 염증이 생기는 일도 상훠 때문이다. 즉, 중국인들은 몸에서 '상훠'와 비슷한 증상이 나타나면 이 기운을 다스리기 위해 왕라오지를 찾게 되더라는 것이다.

왕라오지는 일종의 '기능성 음료'의 성격을 갖고 있었다. 특히나 자극적이고 기름진 음식을 많이 먹는 중국인들은 늘 음식을 맛있게 먹지만 왠지 건강을 해치고 있다는 죄책감(?)을 마음 한구석에 갖고 있었다. 이제는 그런 걱정을 왕라오지가 덜어주게 된 것이다. 왕라오지는 "음식을 먹고 나서 왕라오지를 마셔라"가 아닌 "왕라오지를 미리 마시거나 같이 먹으면서 마셔야 상훠가 예방된다"는 쪽으로 소비자의 관심을 유도했다. 왕라오지를 구매한 경험이 이는 사람들 대부분이 상훠 '예방'을 목적으로 이 음료수를 찾는다는 점에 착안한 셈이다.

물론 왕라오지를 마시면 몸에 좋다는 이미지도 필요했지만, 무엇보다 소비자들이 먼저 수시로 편하게 마실 수 있어야 매출이 올라갈 수 있다고 본 것이다. '닭이 먼저냐 달걀이 먼저냐'처럼 들릴 수 있는 문제이지만, '상훠를 예방한다'는 콘셉트는 훗날 매출을 올리는 데 크게 기여했다.

왕라오지는 이제 중국 사람들의 불안감을 달래주는 일종의 '힐링 음료'가 되었다. 소비자들이 '상훠'할까봐 걱정될 때 편하게 마시는 음료수가 왕라오지가 된 것이다. 중국 대륙 전역에서 사랑받기 위해 왕라오지는 2003년부터 왕라오지의 정체성을 '해열(解熱) 기능성 음료'로 정하고 일반 음료수들과는 뚜렷하게 다른 길을 걷기 시작했다. 왕라오지는 상훠가 일어나기 쉬운 장소부터 먼저 공략해나갔다. 마케팅 장소를 매운 요리를 많이 파는 후난식 요리점, 쓰촨식 요리점, 샤브샤브점 등으로 결정하고 여기에 왕라오지 캔음료를 집중적으로 납품하기 시작했다.

후난성은 중국인들이 좋아하는 마오쩌둥의 고향이다. 평소 매운 고추를 즐겨먹었다는 마오쩌둥의 후예답게 "사람들은 후난 음식이 매운 것을 두려워하지만, 후난 사람들은 맵지 않은 것을 두려워한다"는 속담까지 있다. 쓰촨 지역의 훠궈(火鍋, 중국식 샤브샤브) 역시 얼큰한 맛을 자랑한다. 이런 요리점이야말로 매운 음식을 주 메뉴로 하고 있어 왕라오지의 열 예방 기능이 가장 필요한 곳이다. 평소보다 많이 먹게 되는 각종 연회나 파티에서도 왕라오지는 필수품이 되었다.

그리고 이 무렵 "왕라오지를 마시면 상훠가 두렵지 않아요"라는 광고 카피가 대히트를 쳤다. 이제 술 마시기 전에도 기름에 튀긴 패스트푸드를 먹을 때도 '상훠'가 걱정될 때 중국 사람들은 왕라오지를 자연스럽게 마시고 있다. 그래서 KFC나 맥도날드 매장에서도 왕라오지를 팔게 된 것이다.

왕라오지 캔음료는 광고 콘셉트를 '몸속 열을 식히기 위해 왕라오지를 마시자'로 정하고 TV 광고에서 건강한 이미지를 강조했다. 샤브샤브를 먹는 장면, 밤새 축구경기를 관람하는 장면, 튀긴 음식을 먹는 장면 등 소비자들이 일상생활에서 흔히 접하는 상황 속에서 왕라오지 캔음료를 마시게 된다는 이야기로 구성했다. 2003년 초 1,000만 위안을 광고비로 들인 뒤 매출이 늘자 연말에는 4,000

왕라오지는 중국 어느 곳에서도 볼 수 있다. 그만큼 중국 사람들에게는 없어서는 안될 '국민 음료'인 것이다.

만 위안을 광고비에 쏟아부었다. 광고가 히트를 치면서 2004년 말 왕라오지 매출액은 연초와 비교해서도 4배 이상 급증했다.

사스를 무찌르는 왕라오지를 마셔라

2003년은 왕라오지에 큰 성공의 계기가 된 해(年)다. 2003년 중국에서 발병한 사스(SARS)가 왕라오지에는 기회로 작용했기 때문이다. 사스는 사스-코로나 바이러스가 인간의 호흡기를 침범해서 발생하는 질병이다. 2002~2003년 유행해 중국에서 감염자 8,096명이 발생하고 774명이 사망한 무서운 병이었다. 당시에 많은 이가 약을 찾느라 한바탕 소동이 벌어졌다.

중국 전역에서는 사스를 무찌를 방법이라며 여러 치료법이 쏟아졌다. 심지어는 한국인들이 사스에 걸리지 않는 이유가 바로 김치에 들어가는 마늘과 고춧가루 성분 덕이라는 소문에 한국 김치와 마늘이 동이 나는 일도 벌어졌다.

그러던 중 왕라오지가 사스 치료에 효과가 있다는 분석이 제기되었다. 당시에 사스 예방에 효과가 좋다는 '금은화(金銀花, 인동 덩굴)'가 2003년 중국에서 불티나게 팔렸는데, 이 인기가 뜻밖에 왕라오지에는 행운이 된 것이다. 왕라오지의 성분에 금은화가 포함되어 있던 것이다. 그때부터 왕라오지가 대중들 사이에서 각인되었다. 중국인들은 광둥 지역에서 마시던 전통차, 몸을 낮게 해준다고 해서 약차라고 불린 왕라오지를 다시 보게 되었다.

180여 년의 역사를 지닌 장수 기업이었지만 음료수 시장 '빅 3' 안에 들어가기는 어려웠던 왕라오지는 2003년을 기점으로 인기를 크게 얻게 되면서 존재감을 높였다. 2002년까지만 해도 왕라오지의 연간 매출은 1억 위안대에 머물렀지만 2003년부터 중국 전역을 겨냥한 마케팅 전략이 성공을 거두면서 왕라오지의 매출이 크게 늘어났다. 빨간색 캔 음료수가 만든 '기적'이었다. 2002년에는 1억 8,000만 위안 수준이었던 왕라오지의 매출은 2008년에 이미 100억 위안을 넘어섰다. 채 10년도 되지 않아 매출이 100배 가까이 뛴 것이다.

왕라오지가 중국 전역에서 돌풍을 몰고 오자 해외 기업까지 눈독을 들이는 일도 있었다. 미국 펩시코(PepsiCo)가 왕라오지를 인수하기 위해 이 회사의 모(母) 기업인 광저우의약그룹공사에 비밀리에 접촉을 해왔다고 중국《화샤시보(華夏時報)》가 2008년 보도했다. 인수가 성사되지는 않았지만, 그만큼 왕라오지가 해외 기업들의 관심을 끌었음을 보여준 사례다.

왕라오지는 금융위기 속에서도 꾸준히 매출을 늘려왔으며 다소 주춤했던 매출은 2013년에 성장세로 돌아섰다. 2012년에 발표된 중국 국가통계국(國家統計局) 자료를 보면 중국 음료수 시장의 연간 생산량은 4,100만 톤으로 매년 8퍼센트 이상 꾸준하게 성장하고 있다. 또 음료수 시장에서도 중국 차 음료 시장은 전체 음료수 시장의 20퍼센트를 차지하며 매년 30퍼센트 성장률을 기록할 만큼 시장이 날이 갈수록 커지고 있다. 특히 건강과 미용을 중시하는 중국 여성들, 독한 바이주를 즐겨 마시는 중국 직장인들도 잠재적인 수요가 큰 고객이다.

중국에서 음료수 시장이 성장하면서 왕라오지도 성장을 위한 투자를 지속하고 있다. 2012년 12월 《메이징왕(每經網)》 보도에 따르면 광저우의약그룹공사가 량차 제조회사로서는 세계 최대의 생산라인을 건설을 발표했다고 한다. 광저우의약그룹은 45억 위안을 투자해 생산라인을 건설 중이다. 투자 금액은 크지만 이미 2012년에만 60억 위안의 수익이 예상되고 2013년엔 100억 위안 수익으로 이어진다는 분석이 있었기 때문에 공장 건설은 투자하더라도 수지가 맞는다는 계산이 나온다는 것이다.

폭증하는 왕라오지의 수요를 감당하기 위해 광저우의약그룹은 현재 건설 중인 생산라인 이외에도 화중(華中), 시베이(西北), 시난(西南), 둥베이(東北) 지방 등에 생산라인을 세우겠다고 발표했다. 계속해서 늘어나는 주문에 맞춰 물건을 납품하기 위해 광저우의약그룹은 2012년 6월에는 다른 음료회사와 협약을 맺어 대리 생산도 했다. 같은 해 8월에는 타이저우(泰州)시와 협약을 맺어 매달 60만 박스 생산이 가능한 생산라인을 운영하고 있다.

자비로운 마음이 장사의 시작이다

왕라오지의 최초 개발자는 왕택방이다. 왕라오지라는 이름이 그의 아명에서 온 것이니만큼 여기에는 의문의 여지가 없다. 왕라오지로 현대적인 의미에서 장사를 시작한 곳은 광저우의약그룹공사다. 광저우시 정부에서 경영권을 갖고 있는 광저우의약그룹공사는 중의약(한약)과 서양약을 만들어서 판매하는 국유기업 중에서 중국에서 가장 규모가 큰 곳이다. 그런데 180여 년 전 왕택방이 만든 량차를 지키면서 장사를 해온 또 다른 곳이 있었다. 왕라오지 신화를 이끈 '숨은 주인공'은 바로 자둬바오그룹(加多寶集團)이다. 자둬바오그룹은 1993년 광저우의약그룹이 '왕라오지' 상표를 등록한 뒤에 1995년부터 이 상표에 돈을 주고 빌려서 사용했다. 자둬바오그룹은 왕라오지가 본격적으로 히트를 치기 시작한 2002년이 되기 몇 년 전부터 왕라오지의 이미지를 각인시키기 위해 많은 투자를 했다. 처음 왕라오지 상표를 등록한 것은 광저우의약그룹이지만, 자둬바오그룹 역시 왕라오지의 잠재력을 알아본 셈이다. '상훠'를 막아준다는 왕라오지의 숨어 있던 니즈를 찾아낸 것도, 소비자들에게 왕라오지를 각인시킨 주역도 자둬바오그룹이다.

왕라오지가 인기를 얻으면서 자둬바오는 2007년에 1조 원을 훌쩍 넘는 왕라오지를 팔아치웠다. 2006년보다 두 곱절이 넘는 매출량이다. '왕라오지 량차'의 신화에서 자둬바오의 활약이 대단했음을 알 수 있는 대목이다. 자둬바오는 '왕라오지 빨간색 캔'으로 유명하지만 또 하나의 별명이 있으니 부처 상인, 즉 불상(佛商)이다.

자둬바오는 부처님과 같은 장사를 하는 상인, 즉 '불상(佛商)'으로 유명하다. 자둬바오는 직계 직원만 1만여 명을 거느리고 있는데, 장삿속만 챙길 것 같은 분위기 대신 '자비'를 중심으로 한 불교 정신을 추구한다. 자둬바오는 "최고의 장사는 사람을 돕는 장사"라고 외치고 나섰다. 특히 장사를 하려면 일단 직원들부터 신이 나야 소비자들에게 사랑받을 수 있다는 현대적 의미의 경영을 설파했다. 자둬바오에서는 해고당할 일을 걱정할 필요가 없다는 이야기도 나온다. 그들은 "직원을 이동시키더라도 부서간에 이동이나 보직을 바꾸는 정도이지 강제 해고는 찾아보기 어렵다"고 말한다.

불교 정신은 자뒈바오의 문화에 배어 있다. 자뒈바오의 분위기는 미국 IT 대기업인 구글의 업무 환경과 비슷하다고 말할 만큼 자유롭다는 평가가 많다. 그런 자뒈바오에서도 직원들에게 이것만큼은 강제한 의무사항이 있다. 바로 매일 아침 식사를 꼭 챙겨먹고, 우유를 꼭 마시고 주말에는 반드시 등산이나 하이킹을 하라는 것이다. 직원 스스로 건강을 챙기라는 사항이 직원들에게 강요하는 몇 안 되는 사훈이라면 사훈이다.

자뒈바오는 1995년에 둥관(東莞)에서 시작된 이래 광둥성, 푸젠성, 저장성, 베이징, 후베이성 등 50곳에 대규모 생산 기지를 거느리고 있다. 동남아시아, 유럽, 미국 등 해외 시장으로도 발을 뻗고 있다. 광저우에만 1,000곳이 넘는 도매 공급 업체를 통해 운영되고 있다. 자선 사업과 사람을 중시하는 부처님 경영 외에도 '왕라오지 학생 사랑'이라는 타이틀로 가난한 학생들을 지원하는 사업도 펼치고 있다.

소비자를 감동시키는 상혼

2008년 5월 12일 중국 쓰촨성에서 진도 8.0의 강진이 일어 사망자와 실종자가 발생했다. 이 지진으로 중국에서는 무려 8만 6,000여 명의 희생자가 나왔다. 5월 17일 홍콩 자뒈바오그룹은 임원 회의를 소집해 쓰촨성의 지진재난 지역에 1억 위안을 기부하자는 제안을 받아들였다.

2008년 쓰촨성 대지진이 발생했을 때 왕라오지가 낸 1억 위안은 중국 전체에서 가장 많은 성금이었다. 그 옛날 왕라오지를 만든 왕택방이 사람을 구했던 바로 그 역할을 한 것이다.

2010년 4월 14일 칭하이성(青海省) 위수(玉樹) 지역에서 진도 7.1의 지진이 발생했을 때도 1억 1,000만 위안의 성금을 중국 CCTV 기금 모금 파티에서 기부했다. 2013년에 일어난 쓰촨성 야안(雅安) 대지진 때도 어김없이 금액을 더 높여 3억 위안을 기부했다.

몇 차례 국가적인 위기가 찾아올 때마다 자둬바오는 중국인들이 당한 재난에서 통 큰 기부를 해 화제가 되었고, 이것이 중국 5억 네티즌 사이에서 화제가 되면서 궁극적으로는 캔 음료 매출 증가로 이어졌다. 마음을 담은 장사가 드디어 중국 사람들의 마음을 사로잡은 것이다. 왕라오지는 중국인들이 가장 존경하고 좋아하는 음료수로 손꼽히기 시작했다. 또 얼마 뒤 '착한' 왕라오지를 많이 사서 마시자는 운동이 벌어졌다. 중국인들은 애국심이 발동해 "선반에 놓인 왕라오지를 다 사라!"는 구호가 온라인상에 나타났다.

왕라오지는 중국에서 탁월한 마케팅 선두주자이기도 하다. 바이럴 마케팅 혹은 네트워킹 마케팅에 가까운 기법이 적용되었기 때문이다. 바이럴 마케팅이란 블로그나 카페 등을 통해 소비자들에게 자연스럽게 정보를 제공해 기업의 신뢰도와 인지도를 높이고 구매를 자극하는 마케팅 방식이다.

바이럴 마케팅은 넓은 의미에서 입소문 마케팅과 유사하지만 입소문 마케팅이 주부들 사이의 모임이나 동호회 등을 통해서 상품의 이용 후기나 기능에 관련된 내용이 많이 소개된다는 점에 반해, 바이럴 마케팅은 재미있고 독특한 콘텐츠가 인터넷을 통해 유포된다는 점에서 차이가 있다.

특히 바이럴 마케팅은 노골적으로 직접적인 홍보 대신 소비자를 통해 입에서 입으로 전해진다는 점에서 기존 광고와 다르다. 입소문 마케팅이 정보 제공자를 중심으로 메시지가 퍼져나가지만, 바이럴 마케팅은 정보 수용자를 중심으로 퍼져나간다. 대지진 이후 통 큰 기부를 한 자둬바오는 일부러 마케팅을 한 것이 아니지만, 왕라오지 브랜드가 네티즌들에게 깊숙이 각인될 수 있는 '네트워크 마케팅'의 힘을 여실히 보여주었다.

왕라오지가 신속하게 지진 구호와 성금 기탁을 결정한 것이 동인이 되어 네티즌들은 자발적으로 왕라오지 브랜드를 좋아하게 되었고 이를 구매로 연결시키는 능력을 발휘했다. 왕라오지가 SNS 등을 통해 지속적으로 입소문이 나면서 몇몇 지역의 상점에서는 왕라오지가 소진되어 버려 한때는 품절이 되기도 했다. 왕라오지의 열혈팬이 된 충성도가 높은 손님들은 저녁 식사에 딸려 나오는 음료로 왕라오지를 택하고 이를 다른 손님들에게 돌리는 일들이 식당에서 종종 목격되기도 했다.

왕라오지 상표권 분쟁

왕라오지는 광저우의약그룹공사와 자둬바오가 동시에 성장시키긴 했지만 워낙 왕라오지가 승승장구하다 보니 둘 사이에서는 왕라오지를 둘러싼 상표권 분쟁이 발생했다. 인기가 뜨거웠던 만큼 피할 수 없는 승부이기는 했다.

2012년 '왕라오지 논쟁'으로 중국 대륙은 뜨겁게 달구어졌다. 왕라오지의 '오리지널리티'는 광저우의약그룹공사가 갖고 있지만 자둬바오가 상표권을 받아서 '빨간색 캔' 왕라오지 신화를 새로 썼기 때문이다. 중국 유명 경제학자 랑셴핑(郎咸平)이 CCTV에 나와 이 문제를 두고 설전을 벌일 정도로 중국에서는 왕라오지 상표권에 대해 뜨거운 논쟁이 있었다.

그런데 여러 가지 근거를 가지고 찬반이 명확히 갈렸다. 자둬바오가 정당하게 브랜드 수수료를 주고 빌려서 쓴 것이므로 문제가 없다는 주장과 광저우의약그룹공사에 브랜드가 귀속되고 자둬바오는 이를 남용한 것이란 주장이 맞섰다. 일단 현상적으로 보면 빨간색 캔 왕라오지가 사실상 경쟁에서 승리한 것은 맞다. 2004년 광저우의약그룹공사는 녹색팩으로 된 왕라오지를 내놓았지만 그다지 성공하지는 못했다. 빨간색 캔 왕라오지가 2009년 단일 품목으로만 160억 위안의 매출을 올리며 코카콜라를 이길 때 녹색팩 왕라오지는 10억 위안 수준에 머물렀다.

문제가 커지자 2012년 5월 9일 중국 국제경제 무역중재위원회는 자둬바오그룹의 왕라오지 상표 사용을 중지시켰다. 왕라오지 상표권 소유를 두고 자둬바오와 광저우의약그룹공사 간 빚어온 논란은 일단락되는 듯했다. 말하자면 '낳은 엄마'와 '기른 엄마'의 싸움이었다. 결국 법원은 낳아준 엄마의 손을 들어주었고, 자둬바오는 왕라오지 상표를 더는 사용하지 못하게 되었다.

최대 위기에 놓인 자둬바오는 그동안 갈고 닦은 힘을 끌어모아 새로운 도전을 하기 시작했다. 소비자들에게 이제 '왕라오지'라는 든든한 방패 없이도 새롭게 다가가야 하는 고민스러운 상황이었다. 자둬바오는 자사 이름인 자둬바오를 량차 이름으로 쓰기로 했다. 또 자둬바오는 우리나라 슈퍼스타 K와 비슷한 프로그램인 중국 저장성 TV 하오성인(好聲音, The voice of china)이라는 가수 선발 대회에 협찬하기로 한다. 이는 M-net의 슈퍼스타 K 등에서 계속해서 음료수가 비춰지는 것과 유사하다. 중국 하오성인는 1주일 만에 시청률 1위를 달성하며 인기를 끌었다. 최고의 승자를 뽑는 프로그램에서 자둬바오는 자신들이 량차의 새로운 승자가 될 것이라는 의미를 은연중에 보여준 셈이다.

이제 자둬바오는 왕라오지 상표는 쓰지 못하게 되었지만, 2013년 또 다른 도약에 나섰다. 2012년 자둬바오는 쓰촨성 쯔양(資陽)과 후베이성 셴타오(仙桃)에 각각 새로운 공장 라인 건설을 추진하기로 했다. 쓰촨성에는 4억 위안을 들여 량차 생산라인 2개를 만드는데 여기서 연간 1억 위안가량의 매출이 가능할 것으로 보고 있다. 셴타오 생산기지가 완공되면 8개 생산라인을 갖추게 된다.

자둬바오와 광저우의약그룹공사의 왕라오지 상표권 소송은 2012년 5월에 결말이 났지만 재미있는 것은 소송 기간 중에도 자둬바오의 매출은 그다지 꺾이지 않았다는 점이다. 업계에서는 광저우의약그룹공사가 소송을 통해 왕라오지의 모습, 즉 '형(形)'은 가져왔지만 마케팅 '정신(神)'까지 찾아오지는 못한 것 같다고 평가했다.

좋은 재료와
능력 있는 사람과
최신 설비를 갖추다

장위 포도주
1892년~

아시아 최대 와인 강국

"중국에서도 포도주가 생산되나요?" 중국 문화에 어느 정도 익숙한 사람이라도 중국에서 와인이 생산되고 소비된다는 사실에 다소 의아해할지도 모른다. 향긋한 와인 하면 유럽 국가인 이탈리아나 스페인, 남미의 칠레 등을 떠올리기 마련이다. 중국의 술이라고 하면 아무래도 보통 배갈로 불리는 바이주나 시원하게 목을 축여주는 칭다오(青島) 맥주가 제격이란 생각을 떠올릴지도 모른다.

그러나 알고 보면 중국은 세계에서 와인 소비량이 가장 빠르게 증가하고 있는 나라이자 성장 잠재력이 큰 시장이다. 중국의 포도나무 재배량은 세계 5위, 와인 생산량은 세계 7위, 소비량은 세계 9위를 차지하고 있다. 유럽 시장조사 기관인 유로모니터인터내셔널은 2012년 중국의 와인 매출이 257억 위안으로 전년 동기 대비 20퍼센트 늘어났다고 밝혔다. 중국에서 와인은 아직 낯선 상품이다. 와인 산업은 걸음마 수준인데도 워낙 인구가 많다보니 벌써 5조 원 규모의 시장으로 성장했다.

국제 주류 연구기관인 국제와인주류협회(IWSR, International Wine and Spirit Record)에 따르면 2012년 중국인은 총 21억 6,600만 병의 와인을 소비했다고 한다. 2007년의 2.7배다. 2016년 와인 소비량은 30억 2,400만 병으로 늘어날 전망이다. 중국인 1명이 2병 이상의 포도주를 마시게 되는 셈이다. 중국에서 포도주 산업에 뛰어든 기업만 이미 600여 곳이 넘는다.

중국 소비자들이 와인을 마시게 되면서 중국 내에서 생산량도 증가하고 있다. 중국은 이미 아시아에서 와인 생산량이 최고가 되었다. 세계 와인·주류 동향조사 연구조사에 따르면 앞으로도 중국의 와인 소비량은 지속적으로 늘어날 전망이다.

매년 프랑스 보르도와 홍콩에서 번갈아 가면서 와인무역박람회를 열고 있는 와인박람회 조사에 따르면 중국과 홍콩의 연간 와인 소비량은 2011~2015년 54.3퍼센트 증가할 것으로 전망된다.

과거에는 값비싼 술로 인식되던 와인은 이제 젊은 층이 와인을 즐기면서 와인 소비량이 크게 늘었다. 특히 20~30대 중국인들이 와인 시장을 이끌 선두주자다. 사회에 진출해 열심히 일하고 먹고 쓰는 데 돈을 아끼지 않는 세대인 바이링허우(80後, 1980년 이후 출생자)와 이들보다는 어리지만 해외 경험이 풍부하고 부모들이 대주는 용돈으로 고급 식문화를 막 접하게 된 지우링허우(90後, 1990년 이후 출생자)가 그들이다.

성장세가 뚜렷한 중국 와인 시장은 경제가 둔화된 유럽에도 기회가 되고 있다. 일례로 영국 런던의 유명 와인회사인 베리브로스앤드루드(BBR)는 2013년 들어 처음으로 중국산 와인을 런던 유명 슈퍼마켓인 '웨이트로즈(Waitrose)'에 공급하기로 했다. 공식적으로 중국 와인이 영국 소매업체 판매 리스트에 등록된 것은 처음이다.

일각에서는 중국 시진핑 정부가 출범과 동시에 반부패를 앞세우자 고급술 시장이 타격을 입었다고 분석했다. 그러나 이 흐름이 와인업계에는 오히려 기회가 될 수도 있다는 분석도 나왔다. 와인은 일단 고급 위스키보다는 저렴하고 이미 중국의 신흥 중산층을 비롯한 개인들이 '와인의 맛'을 알아가며 소비가 늘고 있기 때문이다.

중국 와인의 본고장이자 천혜의 휴양도시 옌타이

중국에서 포도나무를 기르고 와인을 만들기 시작한 것은 2,000년 전 한무제 시대로 거슬러 올라간다. 실크로드를 개척한 인물인 장건(張騫)이 기원전 160년경 한무제의 지시로 13년 동안 서역(현재 우즈베키스탄 사마르칸트, 우즈베키스탄 제2의 도시로 산업과 공업이 발달했음)을 여행하며 많은 지식과 문물을 가지고 중국에 돌아왔다. 이 무렵에 그는 포도 씨앗과 와인 양조가 가능한 사람들과 같이 중국에 돌아왔다. 여러 종류의 토종 포도 품종을 기르는 포도농장은 물론이고, 황실의 과수원에서도 포도는 중요한 과일로 대접받았다. 몸에 필요한 영양분인 포도당을 원형 그대로 섭취할 수 있다는 장점이 있는 귀한 과일이었기 때문이다.

산둥성 옌타이(煙台)는 중국 와인을 대표하는 산지다. 이곳은 사과 등 과일과 해산물로 유명한 도시이자 휴양 관광지로 잘 알려져 있다. 하지만 옌타이를 가장 유명하게 만든 것은 단연 포도주다. 아시아에서 유일하게 '국제 포도주 도시'로 선정된 옌타이는 '중국의 나파밸리(미국 캘리포니아에 있는 고급 와인 생산지)'를 꿈꾸고 있다. 이곳에는 중국 와인 생산 업체인 장위(張裕) 포도주와 창청(長城) 포도주 생산기지가 있다. 또 중량그룹(中糧集團)에서 운영하는 유명한 포도농장인 펑라이(蓬來) 쥔딩사투(君頂沙土)도 있다.

🔅 장위 포도주는 청나라 서태후가 그 맛에 반했다고 하고, 쑨원이 직접 붓글씨를 남기기도 했다.

현재 중국에서 포도주 1위 업체는 바로 100여 년 전에 설립된 장위 포도주다. 청나라 서태후(西太后)가 아꼈으며, 중국의 국부로 불리는 쑨원(孫文)이 설립을 기념해 직접 붓글씨를 남기기도 했다.

2007년 세계에서 10번째로 큰 와인 생산자로 선정된 중국 장위 포도주는 2010년에 약 50억 위안의 매출을 올렸다. 이 중 순이익은 무려 14억 3,421만 위안에 달했다. 이익률이 28.7퍼센트에 달한 것이다.

2012년에 장위 포도주는 세계 경제의 둔화에도 불구하고 오히려 성장하는 모습을 보였다. 매출 56억 위안, 순이익 17억 위안을 올리면서 순이익률이 30퍼센트를 웃도는 좋은 성과를 낸 것이다. 2001년 약 9억 위안이었던 매출은 10년간 연간 성장률 26퍼센트를 달성하며 빠르게 성장했다.

장위 포도주는 2000년 선전증권거래소에 장위 A주, 1997년에는 B주 시장에 각각 주식이 상장되었다. 장위 포도주는 2004년 와인회사로서는 유일하게 중국사회과학원이 주최한 종합경쟁력을 갖춘 상장 주류회사 대회에서 8위에 선정되기도 했다. 장위 포도주는 꾸준히 기술 개발을 거듭한 끝에 최근 프랑스에서 열린 국제 포도주대회에서 아시아 브랜드로는 유일하게 세계 30대 브랜드 포도주로 뽑혔을 정도다.

장위 포도주는 중국 내에서는 전국 350여 개 판매망을 세우고 이를 통해 각지로 포도주를 판매하고 있다. 장위 포도주 제품은 중·고가 제품 위주이지만 전략적으로 저가 포도주도 함께 선보이고 있다. 중국 소비자들이 아직까지는 소비 수준이 높지 않아 중·저가 와인에 대한 소비가 비교적 많다는 점을 고려한 것이다.

포도주 수요는 중·저가 위주이지만 장기적으로 보면 고가의 와인이 인기를 얻을 전망이다. 장위 포도주가 고품질을 위한 투자를 지속적으로 하는 이유다. 장위 포도주는 2012년 산둥 지역에 1조 원을 투자해 '와인 시티'를 짓기로 했다. 모나코 지역 크기의 2배나 되는 이 부지에서는 사람들이 직접 와인을 구경하고 맛보고 즐길 수 있는 와인 여행의 성지로 활용될 전망이다. 또 프랑스 와인 카스텔그룹과 함께 '샤토 장위 카스텔'을 포함한 여러 와이너리(Winery, 포도주를 만드는 양조장)도 건설했다.

카스텔그룹과 손잡은 장위 포도주는 와인의 본고장 유럽에서도 팔려 나가는 와인회사로 성장하고 있다. 장위 포도주는 2005년 처음으로 영국 황실 주류 공급업체에 납품을 하면서 세계 시장에 발을 내디디게 되었다. 프랑스 보르도, 부르고뉴 지역, 이탈리아 시실리 지역 등 전 세계 7개 와인 제조업체와 연맹을 설립해 글로벌 와인들과도 어깨를 나란히 하게 되었다. 유럽 3,000여 개 슈퍼마켓, 와인 전문매장, 호텔, 유럽 일부 항공의 1등석에서도 장위 포도주를 맛볼 수 있다.

한국인들에게 장위 포도주가 알려지게 된 것은 2013년 6월에 이루어진 대한민국과 중국 정상들간 댜오위타이(釣魚臺) 국빈 만찬에 시진핑 국가주석이 건배주로 장위 포도주를 내놓으면서다. 이날 1992년산 레드와인, 2008년산 화이트와인의 두 종류가 올랐다. 레드와인은 카베르네 게르니쉬트(Cabernet Gernischt)라는 유럽종을 개량한 중국 고유의 품종을 사용한 것으로 매실향이 풍부한 와인으로 알려져 있다.

물이 새 본 적 없는 와이너리

장위 포도주가 자랑하는 것 중 하나는 장위 포도주 공장 설립 110년을 기념해 2002년 9월에 개관한 와인 박물관과 술 농장이다. 와인 문화 박물관과 장위 포도주의 대형 지하 와인 저장고는 서로 붙어 있다. 장위 와이너리는 지하 깊이 7미터로 내려가는 곳에 있으며 해안선과 100미터도

채 떨어져 있지 않은데도 지금까지 물이 샌 적이 없이 견고하게 만들어져서 유명세를 탔다. 와인 저장소는 2,700제곱미터(약 816평)의 공간에 오크통 1,000여 개가 있는데 100년이 넘은 오크통도 보존하고 있다.

박물관 전시 공간은 크게 세 영역으로 구성되어 있다. 첫째 영역은 와인의 역사를 소개하는 역사관, 둘째 영역은 와인 저장고와 와인을 맛볼 수 있는 테이스팅 공간, 마지막 영역은 와인과 관련 물품을 구매할 수 있는 쇼핑 공간이다.

박물관 입구에는 산둥성의 포도 산지를 한눈에 볼 수 있는 대형 지도 모형이 자리하고 있다. 옆 공간에는 포도 재배에서부터 포도주가 와인병에 담기기까지의 전 과정을 상세하게 볼 수 있는 정교한 미니어처 모형

🏵 중국 옌타이에 있는 포도주 1위 생산업체인 장위 카스텔 와이너리. 카스텔은 프랑스어로 작은 성을 뜻한다.

이 있다. 지하 지장고에서는 와인을 시음해볼 수도 있다. 와인을 살 경우 우리 돈으로 4~5만 원가량이면 장위 포도주에서 직접 만든 포도주를 맛볼 수 있다. 장위 포도주는 달콤한 맛이 특징이다. 연중 약 650밀리리터 강수량에 여름이 긴 옌타이에서 재배된 포도는 당도가 다른 지역보다 높기 때문이다.

장위-카스텔 술 농장에서는 유럽식 정원의 고즈넉한 분위기를 느낄 수 있다. 140만 제곱미터(약 42만 3,500평) 부지 면적의 술 농장에는 고대 유럽식으로 지은 건물 한 동이 자리 잡고 있다. 이곳에서는 포도 재배 현장과 와인 제조 공정을 볼 수 있다.

이밖에도 와이너리에는 포도나무를 이용한 터널, 벤치, 와인병을 활용한 인테리어로 구색도 갖춰 놓았다. 포도주의 맛과 향을 직접 느끼는 문화 오감(五感) 체험이 가능한 곳이다. 한 화상(華商)의 노력이 중국 와인 업계를 열었고, 그의 유산이 지금도 남아 중국인들의 입맛을 즐겁게 하고 있는 현장이다.

장위 포도주는 국제 포도 품종인 카베르네 소비뇽, 샤르도네 등을 재배해 성공했다. 또 일찌감치 1915년 파나마 태평양만국박람회에서 장위 포도주에서 출품한 브랜디, 붉은 포도주, 베르무트, 리슬링 등 네 종류의 술은 금메달을 따냈다.

카베르네 소비뇽은 어떤 환경에서도 비교적 잘 적응하는 적포도의 챔피언으로 불린다. 샤르도네는 화이트와인을 만드는 데 사용하는 껍질이 녹색인 포도 품종을 의미한다. 프랑스 동부 버건디(burgundy) 지방이 원

산지이지만, 이제는 포도가 자라는 어느 곳에서나 재배된다. 베르무트란 향(香)쑥의 독일명인 베르무트(Vermut)에서 유래했는데 포도주에 각종 초근목피를 넣어 그 성분을 추출한 술이다. 식전에 애피타이저 와인으로 만든 것이지만, 칵테일 재료로도 널리 쓰인다. 리슬링은 프랑스 알자스 지방과 독일에서 가장 오래된 포도 품종이며 알자스에서는 1400년대부터 재배해온 것으로 알려져 있다. 리슬링으로 만든 백포도주는 사과향이나 복숭아향이 감도는 기품 있는 와인으로 특히 여름에 즐겨 마신다.

애국자 장비스가 세운 장위 포도주

장위 포도주는 1892년 애국심이 강했던 화교 장비스(張弼士)가 옌타이에 '장위양조공사'를 세우면서 역사가 시작되었다. 일설에는 청나라 서태후가 와인을 맛보고 그 맛에 사로잡혔다고 전해진다. 1892년 영국 유학을 마치고 돌아온 장비스는 은 300만 냥을 투자하여 옌타이에 와인회사를 설립했다. 프랑스 포도주 하면 보르도 지역을 떠올리듯이 중국에서는 포도주 하면 옌타이가 본고장이다.

그는 1841년 광둥성 다푸(大埔)에서 태어났다. 아버지 장란헌(張蘭軒)은 아이들을 가르치는 서당의 훈장 선생님을 하면서 한의사로도 활동했다. 장비스는 해외 문물과 교류가 활발한 광둥성에서 나고 자라면서 일찍부터 해외 사업에 관심을 갖게 되었다. 1858년 그는 인도네시아 자카르타로 가기로 결심하고 무작정 길을 나섰다. 자카르타에서 처음에 했던 일은 염색 직공이었다. 청년 장비스는 성실하게 일했다. 그런 그를 눈여

장위 포도주를 설립한 애국자 장비스.

겨본 지물포 주인은 그를 사위로 맞게 된다. 그 뒤 장인어른이 세상을 떠나자 그는 자신이 직접 가게를 열게 되었는데 그 시초는 술가게였다.

그는 각국의 유명한 술들을 수입해 판매하면서 조금씩 사업에 서서히 눈을 뜨게 되었다. 사업에 여념이 없던 그는 우연히 참석한 한 파티에서 와인 사업에 뛰어들 결심을 하게 되었다. 1871년 장비스는 인도네시아 자카르타에서 개최한 프랑스 영사관 파티에 참석했다. 그는 여기서 처음 프랑스 고급 포도주를 마셔보고 충격에 가까운 자극을 받게 되었다. 놀라운 맛이었다.

그런 그의 마음을 아는지 모르는지, 프랑스 영사는 술잔을 들고 이런저런 말들을 늘어놓았다. 수다스러운 그의 말 중에서 한마디가 그의 귓가를 떠나지 않았다. "중국 옌타이에 가봐라. 야생 포도가 지천으로 널렸다. 산에 가득 열린 포도를 따다가 만든 포도주 맛이 각별하다"며 아는 체를 했다.

당시 영불(英佛) 연합군이 중국을 침략할 때 프랑스 영사도 부대원으로 참가하고 있었다. 프랑스 영사는 동료들과 옌타이산(産) 야생 포도를 따 가지고 부대로 돌아왔고 작은 압축기로 포도즙을 내서 마셨다고 설명했다. 맛이 좋았음은 두말할 나위도 없었다. 워낙 옌타이 포도가 맛있다보니 프랑스 군인들은 중국 영토를 나눠 갖더라도 옌타이 지역만은 프랑스가 가졌으면 한다는 게 소망이라 말할 정도였다. 와인 종주국 프랑스인들답게 좋은 포도를 가꿔 와이너리를 만들기에 제격이라고 판단한 셈이다. 파티에 참석했던 다른 사람들은 '그냥 그런가 보다' 하고 영사의 자랑을 한 귀로 듣고 흘렸지만 장비스는 마음속 깊이 영사의 말을 새겼다.

그러던 장비스에게 드디어 옌타이에 갈 기회가 생겼다. 1891년 장비스는 청나라 철도 업무를 책임지고 있던 관료인 성쉬안화이(盛宣懷)의 초청을 받고 옌타이에 철도 부설을 위해 출장을 가게 되었다. 장비스는 이때 옌타이 지역을 구석구석 조사했다.

옌타이를 돌아보며 그는 이전에 프랑스 영사가 했던 말을 되짚어보았다. 과연 실제로 보니 옌타이는 포도주 생산에 제격이었다. 뒤에는 산이 버티고 서 있고 앞에는 바다가 가까웠다. 겨울이 과히 춥지 않고 여름에는 지독한 더위가 없는 온후한 기후였다. 포도가 잘 자랄 수 있는 토양까지 있었다. 옌타이가 이처럼 포도가 자라는 데 가장 좋다고 하는 배산임해(背山臨海) 지형이다 보니 포도 당도가 높다고 알려져 있다.

그는 드디어 옌타이에 자신의 꿈을 이루어줄 포도주 공장을 설립하기로 결정했다. 애국심에서 세워진 포도주 농장이었지만 만들 때 중국식만을 고집하지 않았다. 옹기로 된 중국 전통 술 단지는 과감히 서양식 오크통으로 바꿨으며 유럽의 우수한 포도 품종을 중국에 들여와 포도밭을 가꾸기도 했다. 1892년에 착공된 와인 공장은 10여 년 넘게 걸려 마침내 1903년에 완공되었다.

3필 원칙으로 세계와 경쟁하다

그는 포도주 생산에서 3가지 반드시 지켜야 할 '3필(必) 원칙'을 주장했다. 원료는 우수한 것을 쓰자, 사람은 능력 있는 사람을 모셔오자, 기구는 새로운 것을 설치하자는 것이었다. 그는 거금을 들여서 독일에서 포도 묘목 40만 그루를 수입했다. 하지만 경험 미숙으로 배가 인도양을 지날 때 고온에 견디다 못해 말라 죽었다. 그는 여기서 포기하지 않고 다시 자금을 대서 프랑스와 이탈리아에서 포도 묘목 50만 그루를 들여왔다.

장비스의 조카인 장청칭(張成卿)도 그를 도와 장위 포도주 경영에 앞장섰다. 큰 와인셀러를 짓고 수십 가지의 포도주 품종을 만들어낸 것도 장청칭이 장위 포도주에 있을 무렵의 일이다.

장비스의 힘으로 해외에서 '물 건너온' 포도 품종들은 중국 토양에 서서히 적응해갔다. 포도가 시간이 지나 영글듯 장위 포도주도 자리를 잡아가게 되었다. 실패와 성공을 거듭하면서 장위 포도주는 세계 시장에서 경쟁하기 시작했다.

1912년 쑨원은 장위 포도주에 축하의 글을 남겼으며, 중국의 정치가 캉유웨이(康有爲)도 축하시를 보냈다. 쑨원은 장위 포도주에 '품중예주(品重醴酒)'라는 말을 선물하면서 "장위 포도주는 하늘에서 내리는 단비이자 땅에서 솟아나는 감주"라고 찬사를 보냈다.

사실 장비스가 포도주 회사를 만들 수 있었던 것은 중국, 인도네시아, 싱가포르 등 동남아시아 국가에서 돈을 많이 벌었기 때문이다. 그는 싱가포르에 중화총상회(中華總商會)를 조직하고 화교 사회의 구심점 역할을 했다. 장비스는 한때 '화교들 중에 가장 돈이 많은 사람'이라는 평가도 받았다. 그는 와인 말고도 다양한 사업들을 벌였다.

장비스는 1860년대부터 인도네시아에 유화개관회사(裕和墾殖公司)를 설립하고 대규모로 황무지를 개간하는 사업을 했다. 1875년 수마트라에 개간회사를 세운 데 이어 1878년에도 자바에서 황무지를 개간해 커피와 차를 재배했다. 여기에 은행과 해운회사까지 차렸다. 싱가포르, 자카르타, 홍콩 등지에는 약방도 차려서 돈을 벌었다. 이런 자금들이 모이고 모여 장위 포도주를 세우는 종잣돈이 되었다.

중국인들에게 장비스는 사업가이기도 하지만 교육가이자 자선가이기도 했다. 그는 페낭(Penang) 중화학교를 설립했으며, 싱가포르에 잉신(應新)학교를 세웠다. 홍콩대학에는 10만 위안을 쾌척했고 광둥성 산터우(汕頭)의 수십 곳에 육선당(育善堂)이라는 복지시설을 건설해 현지 주민들을 도왔다. 장비스는 말년에 광저우의 중산(中山)대학과 링난(嶺南)대학에 학교 건물을 지어준 '키다리 아저씨'였다. 지금도 중산대학에는 '장비스루(樓)'가 세워져 그를 기념하고 있다.

장비스가 세워 130여 년을 달려온 장위 포도주는 아직 갈 길이 멀다. 신화통신은 최근 "안으로는 중국 지하수 오염 등 품질 문제에 직면해 있고 밖으로는 해외 우수한 품종의 와인들과 경쟁해야 하는 내우외환 상황"이라고 보도하면서 "생산을 많이 한다는 것이 반드시 판매가 많이 되는 것은 아니며 경영 효율을 높여야 한다"고 따끔하게 지적했다. 중국 토종 와인의 대표주자인 장위 포도주는 척박한 자갈밭에서 최적의 포도가 영글듯이 위기를 자양분으로 삼아 전진하고 있다.

피부 개선 효과를 보여준다

토종 화장품 바이췌링

1931년~

펑리위안이 국빈 선물로 고른 중국 토종 대표 화장품

중국 최고 지도자 시진핑의 아내인 펑리위안(彭麗媛)이 2013년 3월 러시아와 아프리카 국가들을 찾았다. 시진핑과 첫 해외 순방을 나선 첫날부터 펑리위안은 세련된 복장으로 일약 '스타덤'에 올랐다. 우아한 흰색 투피스 정장과 하늘색 스카프를 차려 입은 펑리위안이 시진핑의 팔짱을 끼고 비행기에서 내릴 때 전 세계는 '저 옷이 과연 어느 브랜드일까' 하고 궁금해했다.

곧바로 '네티즌 수사'에 들어간 중국 네티즌들의 손에 하루도 안 되어 브랜드의 정체가 드러났다. 중국의 천재 여성 디자이너 마커(馬可)의 작품이라는 것을 알게 된 사람들은 환호성을 질렀다. 펑리위안을 위한 옷이어서 일반인에게는 판매되지 않는다는 설명에도 아랑곳하지 않고 마커가 거느린 브랜드 옷이 인터넷에서 날개 돋친 듯 팔려갔다. 옷뿐만 아니었다. 그가 착용한 핸드백·구두도 화제에 올랐다. 해외 순방 한 번에 펑리위안은 미국 대통령 부인 미셸 오바마 못지않은 퍼스트레이디 룩(look)을 완성했다.

펑리위안은 자신이 걸친 옷과 구두 말고도 아프리카 여성들에게 좋아하는 물품들을 선물하면서 사람들의 관심을 집중시켰다. 펑리위안이 고른 답례품 중에는 중국 토종 브랜드 액세서리와 화장품이 있었다. 그의 패션과 더불어 네티즌들은 펑리위안이 수많은 중국 브랜드 제품 중에서 고르고 고른 화장품은 무엇이었을지 주목했다.

중국의 5억 네티즌들의 눈에 들어온 것은 다름 아닌 상하이 바이췌링(百雀羚)의 화장품이었다. 2013년 3월 25일 탄자니아 방문시 전달한 선물에 바이췌링 화장품 세트가 있었다는 소식이 알려지면서 순식간에 중국 인터넷 쇼핑몰에서 바이췌링 화장품을 검색하는 소동이 벌어졌다. 바이췌링의 매출이 폭증한 것은 물론이다. 펑리위안이 선택한 바이췌링은 외국 유명 브랜드를 주로 써오던 20~30대 소비자들도 호기심에 구매하면서 일부 제품은 품절 사태까지 이어졌다.

🌀 펑리위안이 해외 순방시 답례품으로 선물한 바이췌링의 화장품.

《중궈칭녠보(中國靑年報)》에 따르면 할인마트와 인터넷 쇼핑몰에서 베이징 하이뎬(海淀)구에 있는 대표적인 쇼핑몰 청샹창추(城鄉倉儲) 3층 화장품 코너에서 바이췌링 시리즈 화장품 진열대가 크게 늘어났고 판매원들이 추가로 배치되었다. '펑리위안 스타일' 돌풍을 몰고 온 중국의 퍼스트레이디가 선택한 화장품에도 자연히 관심이 가게 된 것이다. '중국 퍼스트레이디가 외국 귀빈들에게 선물했다'는 것 자체가 브랜드에 힘을 실어준 셈이다.

1931년에 설립되어 2000년에 민간 기업으로 전환한 바이췌링은 한동안은 그다지 주목받지 못했다. 그러나 2000년대 이후 소비자를 명확히 파악해 오리지널 제품과 젊은 층을 겨냥한 화장품들을 병행해 선보였다. 또 저자극 천연성분 화장품들을 잇달아 내놓으면서 과거의 영광을 재현하기 시작했다. 여기에 퍼스트레이디 펑리위안까지 힘을 보태주면서 바이췌링은 중국 사람들의 관심의 대상이 되어버렸다. 역사를 거슬러 가다보면 펑리위안의 선택이 있기 한참 전부터 중국의 내로라하는 인사들이 바이췌링의 팬을 자처해왔음을 알 수 있다.

상하이 최고 미인들이 사용하는 화장품

펑리위안의 낙점을 받은 바이췌링은 중국 화장품 브랜드 안에서는 매출이 7위이지만, 중국 토종 스킨케어 브랜드 중에서는 역사가 가장 오래된 유명 브랜드다. 바이췌링이 1931년에 창업했을 당시에는 창시자와 그의 아내가 가내수공업으로 화장품을 만들었다. 그러던 것이 2013년에는 종업원이 2,358명에 이르는 큰 화장품 회사로 급성장했다.

바이췌링은 당시 불모지였던 화장품 시장에 영양 크림 등 여성들을 위한 제품을 내놓으면서 인기를 한 몸에 얻었다. 가장 유명한 팬은 바로 중국 4대 명문가로 꼽히는 송씨 가문의 세 자매다. 영화 〈송가황조〉에 등장하는 쑹아이링(宋靄齡), 쑹칭링(宋慶齡), 쑹메이링(宋美齡)이 그 주인공이다. 이들은 중국 정·재계의 유력 인사와 결혼해 중국 역사에 큰 영향을 미쳤다.

세 자매 모두 미국 명문대인 웨슬리언대학을 졸업한 수재다. 첫째인 쑹아이링은 은행가이자 중국은행 총재인 쿵샹시(孔祥熙)와 결혼했다. 둘째인 쑹칭링은 혁명가이자 중국의 국부로 불리는 쑨원과 막내 쑹메이링은 정치가인 장제스(蔣介石)와 혼인했다. 영화 〈송가황조〉에서 첫째 쑹아이링 역은 양쯔충(楊紫瓊)이, 둘째 쑹칭링 역은 장만위(張曼玉)가 맡아 화

바이췌링의 화장품은 송씨 가문의 세 자매, 영화배우 롼링위 등 유명인사들이 주로 사용했다. 사진은 중화권 최고의 스타 모원웨이(莫文蔚)를 모델로 한 광고이다.

제가 되었다.

1930년대 중국에서 가장 부유한 여성이었던 쑹아이링과 쑹메이링은 항일운동에 자금을 댔고, 1940년 충칭(重慶)에서 세 자매는 협동조합인 중국공업합작사(中國工業合作社)를 세워서 일본에 맞서 싸울 대비를 하기도 했다. 이렇게 우아함과 아름다움으로 중국을 대표하는 명문가로 손꼽히는 송씨 세 자매도 바이췌링의 미용 크림을 사용했다.

영화배우 롼링위(阮玲玉)도 바이췌링의 애호가로 알려져 있다. 1910년 상하이에서 태어나 영화의 본고장 상하이에서 롼링위는 배우로 일약 스타가 되었다. 19세에 상하이영화사에 입사해 25세 꽃다운 나이로 사망하기 전까지 롼링위는 기품 있는 미모와 매력적인 캐릭터로 영화감독들의 지명 1순위 배우로 주목받았다. 독특한 점은 〈송가황조〉에서 둘째 쑹칭링 역을 맡았던 장만위은 롼링위의 생애를 다룬 영화에서도 주연을 맡았다는 점이다.

상하이 영화계에서 또다른 별이었던 후데(胡蝶)도 바이췌링의 마니아였다. 이름 없는 철도원의 딸이었지만 특유의 신비로운 매력으로 중국인들의 머릿속에 각인되어 있는 여배우다. 1933년 후데는 상하이《밍싱일보(明星日報)》가 실시한 '영화 황후'를 뽑는 선거에서 2만 1,333표를 얻어 최초로 '영화 황후' 자리에 올랐다. 명망가의 자제에서부터 영화계의 스타까지 상하이 여성들은 아름다움을 지키는 화장품으로 바이췌링을 선호했다.

그렇다고 해서 유명인들만 바이췌링 화장품을 쓴 것은 아니다. 바이췌링은 아토피가 있어 민감한 피부를 가진 어린아이들을 위한 화장품도 내놓았다. 70년 넘게 사랑받아온 대표 제품인 영양 크림은 피부 보호는 물론이고 화장품을 지우는 데 쓰는 리무버(remover) 겸 마스크팩 등 다용도로 활용되는 '만능' 크림이다. 바이췌링은 최근 노인들을 위한 보습 화장품을 따로 내놓는 등 전 세대와 전 계층을 아우르는 화장품을 만들고 있다.

서민들의 처마 밑에 사는 참새처럼

중국 토종 브랜드로 일찌감치 중국인들에게 널리 사랑을 받아온 바이췌링은 상하이에 살던 한 가족이 집에서 가내수공업 형태로 시작한 작은 기업이다. 바이췌링의 창업자는 구즈민(顧植民)이다.

1903년에 상하이 자딩(嘉定) 마을 한 농촌에서 태어난 구즈민은 14세란 어린 나이부터 궂은일도 마다않고 생업에 뛰어들었다. 그는 20세가 될 때까지 여러 직업을 거쳤다. 담배 가게, 작은 찻집, 공장에서 도제로 일하면서 작은 일부터 차근차근 배워나갔다. 구즈민은 전당포 직원, 웨이터도 했다. 일찍부터 장사에 눈을 뜬 그는 상하이의 유명 백화점에 세일즈맨으로 취직하게 되었다.

26세가 되던 1929년, 구즈민은 상하이의 한 백화점의 영업사원이 되었다. 이 백화점의 사장 마잉뱌오(馬應彪)는 구즈민에게 화장품 부문 판매를 맡겼다. 구즈민에게 백화점에서 일하게 된 것이 바이췌링을 설립하게 된 계기가 된 셈이다.

마잉뱌오는 남들과는 조금 다른 방식으로 일하는 것을 즐기는 사람이었다. 예를 들어 그는 기존에 없던 새로운 영업 제도를 도입했다. 카운터에서 여성 사원이 영업을 할 수 있도록 특별히 여성을 더 뽑은 것이다. 당시만 해도 매장 카운터에서 판매할 수 있는 사원은 남자뿐이었다. 지금이야 화장품 매장에 여성 사원이 나와서 고객들에게 화장품을 설명하고 판매하는 일이 자연스럽지만, 그 당시로서는 '여자가 화장품을 판다는 것'이 굉장히 파격적인 일이었다.

구즈민은 이 백화점에서 화장품 영업사원으로 일하면서 그동안 몰랐던 화장품 업계에 눈을 뜨게 되었다. 화장품이 원가 대비 수익을 많이 남길 수 있는 특성이 있다는 것도 눈치 챘다. 그리고 처음에는 화장품에 낯설어하고 구매를 망설이던 상하이 여성들이 사회활동이 많아지고 아름다움을 가꾸게 되면서 화장품에 점차 익숙해지고 좋아하게 되었다는 사실도 알게 되었다.

그는 일하는 동안 여성들이 선호하는 화장품이 무엇인지 시장 조사부터 하게 되었다. 그리고 아예 재료를 가지고 자신이 직접 화장품 생산을 해서 판다면 남들보다 잘할 수 있을 거라고 생각했다. 여러 화장품을 팔다보니 제품들의 특성도 저절로 비교하는 과정에서 이런 화장품들의 장점을 모은 자신만의 브랜드 화장품을 세상에 내놓고 싶다는 욕심을 갖게 된 것이다.

구즈민은 결단을 내렸다. 후한 연봉을 받을 수 있는 '잘 나가는' 백화점 직원이기를 포기한 대신 '자기 사업'을 한번 해보기로 결심한 것이다.

서른 중반의 그는 1937년 아내의 지원을 받으면서 화장품 회사를 새로 세웠다.

구즈민의 아내는 그보다 부유한 가정에서 자란 '신여성'이었다. 당시로서는 드물게 상하이에 있는 중학교와 고등학교를 졸업했다. 서당에서 몇 년 동안만 글을 배워 '까막눈'을 면했던 구즈민보다는 교육을 많이 받은 셈이다. 그의 아내는 노래와 댄스 등 신(新)문물도 배웠지만 무엇보다 학교에서 영어를 배워 말하고 쓸 수 있었다. 훗날 그의 아내는 영어 실력을 발휘해 바이췌링이 해외로 진출하는 데 큰 도움이 되었다. 특히 기술에 관한 기밀을 관리하는 업무나 외국에 판매하기 위해 영문 자료를 만드는 것은 아내의 몫이었다.

구즈민 부부가 차린 화장품 사업장은 소박했다. 앞쪽에는 부부가 사는 집이 있었고 그 뒤편에는 조그마한 공장이 들어섰다. 직원 몇 명만 데리고서 시작한 사업이었다. 생산에서 제품 포장에 이르기까지 구즈민이 꼼꼼하게 관리에 들어갔다. 그는 좋은 품질이 나오기까지 기다렸다. 시간은 다소 늦어질지언정 생산할 때마다 일정한 품질의 제품이 나올 수 있게 안정화 단계가 필요했기 때문이다. 화장품 생산부터 그가 공장에서 직접 생산에 참여를 했다. 남들보다 일찍 나와 늦게 퇴근하는 나날이 계속되었다.

1940년, 3여 년을 생산에 매진한 끝에 마침내 '바이췌링' 상표의 영양 크림이 세상에 나왔다. 바이췌링은 글자 그대로 보면 100마리(百, 많은) 참새(雀)와 영양(羚)이다. 그런데 상하이 사투리로 '영양(羚)'은 신비한 광채 혹은 '효과가 좋다'는 말과 동음이의어다. 그래서 구즈민은 브랜드에 '영양'이라는 단어를 넣어 '바이췌링'이라는 상품명을 만들었다. 신비로운 광채를 낼 수 있는 효과 좋은 화장품이라는 말보다 머릿속에 각인될 수 있는 것은 없다고 생각했다. 게다가 실제로 영양에서 추출된 오일은 화장품 원료의 최고봉으로 불린다. 여성들의 피부를 가꿔주는 소중한 재료인 셈이다.

바이췌링의 대표적인 제품인 영양 크림 뚜껑에는 참새 네 마리가 그려져 있다. 참새는 텃새로 집 주위에서 흔히 볼 수 있는 일반적인 새다. 구즈민은 자신처럼 평범한 사람들이 전선 위에 주루룩 앉아 옹기종기 노니는 참새와 같다고 생각했다. 따뜻하고 소박하게 살아가는 일반 시민들의 삶이 참새와 같다고 여긴 그는 영양 크림 뚜껑에 참새를 그려넣었다.

하늘과 땅에서 향기가 진동하다

바이췌링은 사용하기 쉽고 저렴하면서도 품질이 좋은 스킨케어 상품을 만드는 데 정성을 기울였다. 화장품 못지않게 인기를 얻은 것은 파란색 띠를 두른 노란 화장품 케이스였다. 귀여운 새들이 그려진 가장 기본적인 디자인의 원형 케이스는 바이췌링의 트레이드 마크다.

바이췌링의 케이스를 공급하는 공장장 쑨원하오(孫文豪)는 바이췌링과 오랜 인연을 맺으면서 구즈민 집안을 눈여겨보았다. 쑨원하오와 구즈민은 상하이 상공회의에서 서로 알게 된 친구 사이였다. 쑨원하오는 자신의 둘째 딸 쑨즈팡(孫志芳)을 구즈민의 아들과 결혼시키면서 사돈까지 맺게 되었다. 바이췌링은 든든한 용기 공급처를 얻게 된 것이다.

상하이에서 바이췌링은 여성들이 가장 선호하는 스킨케어 제품이 되었다. 스타들의 입소문은 물론이고 동양적이면서 달콤한 향을 영국, 독일, 프랑스의 외교 사절들도 좋아하게 되었다. 바이췌링의 영양 크림은 큰 인기를 누렸다. 북쪽으로는 중국 최북부 지역인 하얼빈, 남쪽으로는 물 건너 홍콩을 비롯해 동남아시아 각국으로 빠르게 퍼져나갔다.

그러나 기쁨도 잠시, 1956년 창업자 구즈민은 53세의 한창 일할 나이에 사망했다. 가족들은 물론 상하이에서도 화장품 산업을 일군 창업주의 죽음을 슬퍼하며 애도했다. 구즈민의 아들이 대를 이어 2대째 경영을 하게 되었다. 구즈민의 아들은 아버지의 사업을 물려받기 위해 화둥화공학원(華東化工學院) 대학에서 공부하고 상하이 르화(日化)연구소에서 일하면서 화장품과 관련된 화학 기술을 익혔다. 또 해외 사업과 외국 화장품 연구를 위해 영어와 프랑스어를 익히고 러시아어와 독일어를 독학으로 배우기에 이르렀다.

1962년 5월 바이췌링 창립자 가족들은 상하이 난창로(南昌路)의 광밍촌(光明村)으로 이사를 했다. 처음 화장품을 만들던 공장이 비좁아지면서 거처를 옮긴 것이다. 영양 크림과 기초적인 제품만 생산하던 바이췌링은 콜드 크림, 향수, 화장수, 파우더, 립스틱까지 다양한 화장품을 생산해서 판매하게 되었다.

많은 제품을 만들고 규모가 커지면서 공장의 품질 규정은 더 엄격해졌다. 새롭게 옮긴 공장 구석구석에는 지켜야 할 수칙들에 대한 방(榜)이

붙기 시작했다. 근로자들은 작업장에 들어가기 전에 바지를 먼저 갈아입어야 했다. 제품을 만들기 전 손을 씻는 것은 물론 포장하는 방에 들어가기 위해서도 마스크를 착용했다. 1960년대 당시에 현재 모습에 가까운 공장 시스템을 개발했다는 것도 화장품 업계에서는 신선한 일이었다.

바이췌링 공장 일대는 좋은 향기가 모든 거리 구석구석을 맴돌았다. 공장 안에서는 화장품을 만드는 터라 향기가 났다. 바깥도 향기로 가득 찼다. 모든 직원이 머리끝부터 발끝까지 좋은 냄새를 풍기며 퇴근했기 때문이다. 바이췌링 사람들은 '하늘과 땅에서 향기가 진동한다'고 말했다.

1980년대부터 의료 개념을 도입한 화장품을 선보인 바이췌링은 2000년대에는 본격적으로 아토피 등에 좋은 스킨케어 제품을 만드는 등 실험적인 시도를 했다. 어린이 스킨케어 제품도 그런 예 중 하나다. 바이췌링은 미국 월트디즈니, 일본 브랜드 등과 손잡고 아이들이 좋아할 만한 캐릭터가 나오는 화장품을 만들어냈다. 가장 전통 있는 회사에서 나온 화장품과 만화 캐릭터의 만남은 혁신이었다.

향수를 자아내는 고전 브랜드의 힘

바이췌링은 긴 역사를 지닌 중국 전통 화장품 브랜드이지만, 1990년대에 들어서 중국 젊은이들 사이에서는 추억 속에서 서서히 잊혀가고 있던 브랜드였다. 일본의 시세이도(資生堂) 화장품, 유럽의 랑콤(lancome) 등 해외 화장품 브랜드들이 대거 중국 시장에 진출했다. 중국 화장품 시장은 커졌지만, 중국 토종 브랜드들의 성장은 지지부진했다.

2000년대부터 바이췌링은 브랜드 혁신을 과감히 시도했다. 2006년에는 차오번궁팡(草本工坊) 브랜드를 내놓고 2008년에는 한방 재료로 화장품을 업그레이드시킨 한팡징추이(漢方精萃)와 차오번징추이(草本精萃) 제품라인을 선보여 재기의 발판을 마련했다. 한방 재료를 섞어서 한방(漢方)이란 단어가 붙었고 식물성 성분을 강화해 초본(草本)이라는 단어가 들어갔다. 특히 초본은 식물 중에서도 단단하지 않은 연한 줄기 부분을 의미한다. '정췌(精萃)'라는 것은 사물의 정수를 말하는 것으로 흔히 화장품에서는 '에센스'에 해당한다. 바이췌링은 젊은 층의 기호에 맞게 브랜드를 리뉴얼하면서도 '식물성 약초 화장품'을 콘셉트로 내세웠다. 중국 내에서 식물성 약초 화장품으로는 가장 먼저 만들어진 제품은 샹이번차오(相宜本草)이지만 가격이 바이췌링보다 비싼 편이었다.

🔵 바이췌링은 브랜드를 과감하게 혁신했는데, 한방 재료를 섞어 많은 화장품과 천연 성분의 무자극성 화장품을 개발했다.

바이췌링은 천연 성분의 무자극성 화장품이라는 특징을 내세워서 소비자들에게 다가갔다. 화장품 가격도 일반 제품가격은 10~80위안으로, 고가 제품을 200위안대로 맞추었다. 그리고 1930년대부터 시작된 최초의 오리지널 제품(노란색 통 화장품)은 5~8위안으로 처음 써보는 사람이라도 쉽게 받아들일 수 있는 가격을 유지했다.

2008년 중국 전통의학과 과학기술을 접목시킨 바이췌링의 한방 제품은 소비자들에게 호응을 얻기 시작해서 2007년 대비 50퍼센트 이상의 매출 증가를 기록했다. 바이췌링은 소비자들의 마음을 사로잡기 위한 '복고풍 전략'도 내세웠다. 향수를 자극하는 데 결정적인 계기가 된 것은 중국에서 방영된 다큐멘터리였다. 2010년 중국 CCTV는 '국산품의 어제와 오늘'이라는 다큐멘터리를 내보냈다.

이 다큐멘터리에는 역사가 긴 중국 토종 브랜드의 창립, 발전 과정, 현재의 모습을 고스란히 담아냈다. 이 프로그램이 중국 전통 브랜드에 대한 추억을 소비자들에게 불러일으키면서 국산품 구매붐이 일어났다. 회사 관련자들이 어떻게 브랜드를 만들고 이어왔는지 그동안 감춰두었던 이야기와 그에 대한 기억, 그동안 볼 수 없던 희귀 영상이 공개되면서 중국인들은 새삼 국산 제품에 대한 관심을 갖게 되었다.

바이췌링도 예외는 아니었다. 전통 브랜드인 바이췌링이 방송을 통해 재조명되면서 이들이 내놓은 신제품 판매도 같이 증가했다. 꾸준히 사랑받았던 보습 크림뿐만 아니라 새로 출시한 식물성 보습 제품 시리즈도 소비자들에게 사랑을 받게 된 것이다. 그동안 일반적인 유통 채널을 통해 제품을 공급했던 바이췌링은 2008년 이후에는 새로운 유통 방식을 찾기 시작했다. 그리고 인터넷에서 답을 찾았다.

바이췌링은 2011년부터 온라인 시장에 진출해서 성과를 올리고 있다. 2011년 7월 바이췌링은 온라인 쇼핑몰 텐마오(天猫)에 플래그십 스토어를 열었다. 오픈 한 달에만 11만 위안의 매출을 올렸다. 특히 숫자 1이 4개가 연속으로 있어 '싱글데이'라고 불리는 11월 11일에는 무려 약 2,000만 위안의 매출을 기록했다. 보통 중국 온라인 상점들은 싱글데이를 나를 위해 선물하는 날이라는 콘셉트를 잡아 대폭적인 할인을 감행한다. 바이췌링도 이 같은 전략을 구사해 깜짝 놀랄 성과를 이루어 낸 것이다.

2011년 12월 바이췌링은 복고풍 제품을 출시하면서 소비자들에게 향수를 불러일으켰다. 이 제품은 철 소재의 케이스로 정갈한 느낌을 주었다. 케이스에는 복고풍 머리를 하고 반달 모양 눈썹을 한 고전 미녀들이 중국 전통 의상 치파오(旗袍)를 입고 있는 그림을 새겨 넣었다. 이 화장품은 온라인 스토어에 등장한 지 48시간 만에 한 개당 79위안인 제품이 3만 6,168세트가 팔려나가는 판매고를 올렸다.

바이췌링은 얼핏 보면 무모한 도전을 한 번 더 감행했다. 10만 세트의 화장품을 준비하고 운송료 6위안만 내면 집으로 배송해준다는 것이었다. 약 52위안짜리 화장품을 단돈 6위안에 헐값으로 판매한 것이다. 하지만 효과는 탁월했다. 바이췌링이 중국판 트위터인 웨이보(微博)에서 밝힌 바에 따르면 당일 방문자수는 22만 명이었고, 거래건수는 12만 3,291건으로 시범 구매가 실제 구매로 이어진 전환율은 55퍼센트에 달했다고 한다. 바이췌링의 서프라이즈(surprice) 판매 전략 덕분에 사람들은 바이췌링을 확실하게 각인할 수 있었다. 서프라이즈 전략이란 '놀라움'이라는 단어와 가격(price)의 합성어로 깜짝 할인을 통해 놀라움을 선사하는 전략을 의미한다.

　2010년 바이쒜링의 중국 매출은 6억 위안에서 2012년 18억 위안으로 3배나 급증했다. 중국에서 10억 위안 이상 매출을 올리는 화장품 회사가 많지 않다는 점에서 고무적인 일이다.

일자리와 직위와 연봉을 보장하지 않는다

거상 자오상쥐

1872년~

이홍장, 상인들을 끌어모으다

"청나라에 투자해주십시오. 서양의 기술을 전수해주십시오." 미국 기자단의 눈이 한 동양인의 입에 일제히 쏠렸다. 그를 만나본 서양 기자들은 이렇게 소개했다. "저명한 장군, 정치가, 금융가, 외교관인 한 남자가 미국에 왔다." 주인공은 바로 청나라 북양대신이었던 이홍장(李鴻章)이다. 그는 1896년 미국을 방문해《뉴욕타임스》등과 기자간담회를 가졌다. 북양대신은 본래 남양대신과 함께 청나라의 군권을 쥐는 자리이지만, 실질적으로는 청나라 조정 유일의 실력자를 뜻했다.

이홍장은 청나라 말기 인물로 청나라의 부국강병을 위해 양무운동을 주도한 역사적 인물이다. 그는 자신의 스승이었던 증국번(曾國藩)의 추천을 받아 정계에 입문하면서 마침내 1인자의 자리에 올랐다. 1870년 북양대신이 된 이홍장은 25년간이나 북양대신 지위를 유지했다. 다사다난했던 외교 협상에서 외국과 절충하는 일은 이홍장의 몫이었다. 우리가 알고 있는 1885년 톈진조약, 1895년 시모노세키조약은 모두 그가 체결한 조약이다.

우리는 이홍장 하면 중국 근대화의 상징인 '양무운동(洋務運動)'을 떠올린다. '양무운동'은 말 그대로 외국(洋)과의 교섭(務)에 관한 일을 말하지만, 넓은 의미에서는 서양의 기술을 배워 근대화를 이룩하는 것을 의미한다. 양무운동을 주창하고 널리 퍼뜨린 주인공이 바로 이홍장이다. 양무운동은 서구 문물의 충격을 받은 중국 권력자들이 나라를 재정비한 작업이라 볼 수 있다.

양무운동은 나라를 잘 살게 만들고 군대를 강하게 한다는 '부국강병'이 핵심이다. 이홍장의 관심사는 군사, 상업, 공업 등 다양했다. '서구 열강의 틈바구니에서 살아남으려면 기술을 배워서 적용해야 한다.' 이홍장의 머릿속에는 앞선 기술들을 배워서 중국에 맞춰 적용시켜야겠다는 생각뿐이었다. 일본, 영국 등 다른 나라들은 한창 승승장구하고 있었기 때문이다.

영국은 1860년대 세계 무역량의 30퍼센트를 차지할 정도였다. 세계 무역의 중심 국가였던 영국은 해운과 보험 등 서비스업도 장악했다. 이홍장은 초조했다. 중국이 하루빨리 양무운동을 펴지 않으면 안 된다고 생각했다.

그렇다고 대대로 내려오던 정치 체제를 뒤흔들 수는 없었다. 정치는 그대로 두더라도 산업을 발달시키는 데는 서양 문물을 들여오는 일종의 '타협'이 필요했다. 중국이 부유해지려면 군사·과학 분야에서는 서구화를 추진해야 했다. 그래야 당당히 다른 나라와 맞설 수 있었다.

다른 나라에 뒤질세라 이홍장은 중국 상하이에 외국어를 배울 수 있는 교육시설을 만들었다. 무기를 만들 수 있는 제조국을 세워 총포, 탄약, 기선도 만들었다. 또 중국 학생들을 독일과 미국 등 서양에 유학 보내서

🌑 이홍장은 서구 열강의 틈바구니에서 살아남으려면 선진 기술을 배워 부국강병해야 한다는 사실을 깨달았다. 사진에서 가운데는 이홍장, 왼쪽은 영국 정치가인 솔즈베리 경이고, 오른쪽은 영국 정무차관이었던 커즌 경이다.

신식 문물을 배울 수 있게 했다.

텐진에서 외국 무관을 초청해 군대를 서양식으로 훈련시킨 사람도 이홍장이었다. 독일, 영국 등 외국에서 파견된 장교들이 이홍장의 북양해군을 훈련시켰다. 이홍장이 창설한 북양해군은 청나라 말기 중국의 현대화된 해군이다. 1871년 북양대신 이홍장의 지원으로 세워졌기 때문에 '북양' 함대라는 이름까지 얻게 되었다. 이홍장의 북양해군은 청나라의 수도인 베이징과 베이징 인근에 있는 텐진 주위에 포대를 설치했다.

그는 철도를 놓고 탄광을 만드는 등 사업 수완도 발휘했다. 철도를 놓고 전보국을 만들고 카이핑(開平) 탄광(중국 최초의 대규모 석탄 광산)과 모허(漠河) 금광 개설도 이홍장 아래에서 이루어졌다. 이홍장은 중국 산업에서 '최초'로 이룬 일이 많았다. 중국에서 처음으로 대규모 섬유 기업을 세웠고, 상하이기기직포국(上海機器織布局)을 시작해 직물 공업을 일으켰다. 이홍장은 제철업을 일으키면서 중국 제일의 대형 철강 연합 기업을 세워 중국 근대공업이 시작되는 계기도 마련했다.

이홍장이 무엇보다 관심을 갖고 한평생 심혈을 기울인 분야는 바로 바다와 관련된 일이었다. 그는 해군을 편성하고 선박 건조, 무기 구매, 포대 건설, 도크 수리 같은 군사 관련 업무를 했다. 그는 뤼순(旅順), 웨이하이(威海) 등지에 요새를 세우기도 했다.

청나라 말기 세계 정세는 열강들의 대립 속에 일촉즉발의 위기를 맞았다. 그런 까닭에 국민을 지키기 위해 전쟁에 대비하는 일도 중요했다. 하지만 이홍장은 사람들이 먹고살기 위해서는 상업도 중요하다고 보았다.

그는 무엇보다 물자가 자유로이 오가야 사람들이 먹고살기에 훨씬 좋아질 거라고 생각했다. 그래서 만든 것이 바로 해운회사 자오상쥐(招商局)다. 그가 만든 자오상쥐는 연해 지역의 해상교통을 편리하게 만들었고 사람과 물건을 실어 날랐다.

이홍장이 당시에 만든 자오상쥐는 아직도 중국에 살아 있다. 이홍장이 세운 선박운송회사를 기원으로 하는 그룹이 지금 홍콩의 4대 그룹으로 자리 잡고 있기 때문이다. 140여 년의 역사를 자랑하는 이 그룹은 자오상쥐그룹유한공사(招商局集團有限公司, CHINA MERCHANTS GROUP)다. 앞서 이홍장이 "청나라에 투자해달라"고 말했을 때 '투자자를 끌어모은다'는 단어가 바로 자오상(招商, 상인들을 끌어모음)이다.

2012년에 자오상쥐그룹은 창립 140주년을 기념했다. 배 몇 척으로 시작한 이 회사는 이홍장이 큰 관심을 보였던 선박업과 해운업에서 출발해 현재는 부동산과 금융에 이르는 굵직굵직한 사업체를 거느리고 있는 대기업이다. 중국의 산업 역사를 읽고 싶다면 자오상쥐그룹을 보면 된다는 말이 있을 정도다. 그만큼 자오상쥐그룹은 대표적인 중국 장수 기업이다. 중국이 서양 문물을 받아들이는 과정에서 어떻게 다양한 사업들을 끌어들여 자신의 것으로 소화해나가는지를 자오상쥐그룹을 보면 알 수 있기 때문이다.

현대 기업으로 성장하다

1872년 설립된 자오상쥐그룹은 청조 말기와 중화인민공화국 등

19~21세기를 거치며 성장해왔다. 자오상쥐그룹은 홍콩에 본사를 두고 있으며 홍콩에서 중국 대륙 자본이 들어간 기업으로는 가장 오래된 중국 본토 기업이다. 그리고 지금도 홍콩 대기업 중 4위 안에 들어가는 거대 그룹이다. 회사 본부는 홍콩에 있으며 동남아시아 등 해외 각지에서 활동하고 있다.

자오상쥐그룹을 한마디로 정의하기는 쉽지 않다. 우리나라 해운과 선박 기업인 STX나 물류를 나르는 한진해운으로만 단순하게 정의할 수 없다. 다른 부문들이 같이 존재하기 때문이다. 한진해운 외에도, 은행, 증권, 보험을 거느린 금융지주사와 미국 부동산 업체인 트럼프 부동산 부문을 다 합쳐놓은 것과 유사하다고 할 수 있다.

자오상쥐그룹을 떠받치는 핵심축은 3개라고 보면 된다. 바로 해운(교통 포함), 금융, 부동산이다. 교통과 관련된 인프라스트럭처인 선박, 항만, 항구, 해양 엔지니어링(해양 부문)과 육상 고속도로가 여기에 속한다. 에너지 운송과 물류 사업 부문도 자오상쥐그룹 해운 부문에 포함된다. 배를 통해 실어 나른 물건을 항구에서 전달함으로써 끝내는 것이 아니라 육로를 통해서 세계 구석구석에 전달하는 일괄 시스템을 갖추고 있는 셈이다.

招商局

CHINA MERCHANTS GROUP
Since 1872

◉ 자오상쥐그룹을 떠받치는 핵심축은 해운, 금융, 부동산이다.

두 번째는 금융 부문이다. 증권, 보험, 은행이 여기에 속한다. 금융 관계사로는 자오상 금융 홀딩스, 자오상 은행·증권·보험이 있다. 마지막으로 세 번째는 부동산 개발과 건설회사 등이다. 부동산 부문에는 장저우(漳州)경제특구와 서커우(蛇口)경제특구(부동산 개발과 물류 자회사)를 두고 있다. 특히 이 세 번째 부문에 서커우 자유무역지구가 들어간다는 점이 이채롭다. 서커우 자유무역지구는 중국과 홍콩을 잇는 선전에 설립되어 1970~1980년대 중국 개혁개방의 상징으로 빠른 발전을 가져온 곳이다.

배 3척으로 해상을 장악하다

자오상쥐그룹의 시작은 중국 최초의 해운회사인 자오상쥐에서 비롯되었다. 1872년 12월 26일, 이홍장은 청나라의 산업을 살리고 영국, 미국 등 외국 해운회사에 대항하기 위해 민간 자본을 유치해 반관반민(半官半民)의 선박회사 자오상쥐를 설립했다. 자오상쥐는 중국 기업으로는 최초로 바닷길을 열었고 일본과 중국을 오가는 최초의 원양 항로도 열었다. 중국에서 자오상쥐는 곧 해운업의 상징이다.

이홍장이 배를 가지고 화물을 나르는 회사를 세울 뜻을 두게 된 것은 1862년 3월 말로 거슬러 간다. 이홍장은 당시 서양 선박을 탈 기회가 있었는데 이때 서양 배의 성능을 직접 체험하게 되었다. 이홍장에게 서양 군대가 신식 총을 갖고 중국 군대와 전투를 벌이는 모습은 신(神)의 경지에 가까웠다. 이홍장은 "서양 무기처럼 성능이 좋으면 서양과 싸우는 것도 무섭지 않다"고 생각하기에 이른다. 대단한 것은 군함만이 아니었다.

사실 이홍장을 진짜 매료시킨 것은 무역선이었다.

1867년 당시 중국 정치가들 사이에 오간 편지에서 보면 "중국인들이 자체적으로 만든 신식 선박 기업이 필요하다"는 대목이 많이 나온다. 특히 해가 지지 않는 나라로 불렸던 대영제국이 그런 필요성을 느끼게 해주었다. 영국은 바다를 지배하는 자가 세계를 지배한다고 믿고 있었다. 영국 함대는 가히 천하무적이었다. 그러나 군함만 가지고는 안 되었다. 무역을 하는 데도 배가 필수적이었다. 영국인들은 높은 해상 장악력을 바탕으로 세계 유수의 선박회사를 거느리고 있었다. 섬나라 일본도 바다에서 강한 면모를 과시했다. 이래저래 청나라는 걱정이 태산이었다. 이런 쟁쟁한 열강들 사이에서 중국은 자칫 제자리도 찾지 못할 수 있는 상황이었다.

청나라 정부는 중국의 해운 산업이 외국 회사의 손에 넘어가는 것을 상당히 우려하고 있었다. 그래서 다른 것은 몰라도 선박운송만은 중국인들이 스스로 해야 한다는 주장이 많았다. 이홍장도 그중 하나였다. 하지만 중국에는 이렇다 할 해운회사가 없었다. 이홍장은 "지금 중국의 바다와 강에서 나는 이익은 외국 상업선이 독점하고 있을 뿐"이라며 상업선의 필요성을 강조했다.

이홍장이 제일 먼저 겪은 어려움은 자금과 연료 공급 부족, 무엇보다 낙후된 교통 운송 수단이었다. 교통이 편리하지 않은 상황에서는 산업이 시작되어도 오래 지속될 수 없다는 것을 이홍장은 간파했다. 또 이홍장은 외국인들이 중국에서 운영하는 선박 운수업이 막대한 이익을 얻고 있는 사실을 알고 있었다. 그는 '먼저 부국(富國)해야 비로소 강병(強兵)할 수 있다'는 사실을 뼈저리게 깨달았다. '부유해짐으로써 부강해진다'는 그의 주장이 설득력을 얻으면서 해운회사 추진도 탄력을 받았다. 서양의 좋은 대포보다 중요한 것, 그것은 바로 산업이었다. 결심을 굳힌 이홍장은 황제의 허가를 얻어 1872년 12월 자오상쥐를 설립했다.

해운업으로 시작된 자오상쥐의 자본금은 100만 냥이었다. 그 뒤 1882년 증자를 해서 자본금은 200만 냥으로 불어났다. 중국 청나라 시대 은화 1냥이 대략 150~220위안이었다. 즉, 처음에는 자본금 270억 원으로 시작해 그 후에는 540억 원 이상으로 불어난 셈이다.

자오상쥐의 총국(總局)은 상하이에 설립되었고 나머지 지점들은 중국 톈진, 옌타이, 푸저우, 광저우, 홍콩, 일본 요코하마, 고베, 싱가포르 등에 세워졌다. 자오상쥐는 선박을 통해서 식량을 운반하거나 무역을 하는 형태로 출발했다. 이홍장의 보호하에 자오상쥐는 정부의 차관을 받아 부두를 설립하기 위한 땅부터 샀다. 자오상쥐가 처음 설립될 당시 배는 단 3척뿐이었다. 손님을 실어 나르는 일에서 물건을 운반하는 일까지 배 3척이 도맡았다. 이 작은 기업이 140년이 지나고서 거대 해운업체가 되리라고 처음부터 생각한 이는 드물었다.

사업이 탄력을 받아가자 이홍장은 1876년 배 3척을 11척으로 늘렸다. 1877년에는 222만 냥의 은화를 들여 미국 러셀(Russel)의 선박을 구입했다. 자오상쥐는 통 크게 돈을 들여 낡은 배 16척을 사들였다. 곧이어 부두를 만들고 창고를 인수하면서 차츰 사세를 확장시켜 나갔다. 어느덧 배는 30여 척으로 늘어났다. 자오상쥐는 중국과 해외 항구 19곳에 지점을 설치했다. 해외 원양 해운업에도 발을 들여 1879년에 하와이와 샌프란시스코까지 항선을 연장했다. 자오상쥐는 성공적인 기업으로 성장했고 그 규모도 제일 컸다.

자오상쥐는 더는 외자 기업이 중국 해운업계를 독점할까봐 두려워하는 기업이 아니었다. 하지만 서양 기업들의 방해도 만만치 않았다. 서양인 사이에서는 "중국에서 배 한 필을 짜면 우리가 팔 수 있는 몫이 그만큼 줄어든다"는 말까지 나왔다. 자오상쥐가 운영이 잘 되자 서양인들은 바로 덤핑 운임으로 자오상쥐를 위협했다. 상하이-한코우(漢口)간 운임을 3냥에서 2냥으로 낮추기도 했다. 자오상쥐의 문을 닫게 하려는 고의적인 덤핑 행위였다. 경쟁사의 방해가 있었지만 자오상쥐는 1893년 234만 5,000냥의 자본에 53만 냥의 순이익을 올리면서 실적을 이어나갔다.

자오상쥐가 100주년이 되던 1972년은 해운 부문의 사세가 더 커졌던 때였다. 국제 해운 업무를 전담하는 양밍(陽明)해운공사가 1972년 12월 28일 설립되면서. 양밍해운공사의 4대 경영이념을 보면 자오상쥐 해운 부문이 추구하는 목표를 알 수 있다. '정확하게(準), 빠르게(快), 안전하게(穩), 비용은 줄이기(省)'다.

해운업은 대표적인 서비스 산업이다. 과거에는 항구에서 항구로만 가면 그만이었지만 이제는 문(door)에서 문(door)으로 연결할 수 있는 촘촘한 네트워크 사업으로 성장하고 있다. 누가 얼마나 정확하고 믿을 수 있게, 신속하게 전달하는지가 사업의 핵심이다. 또 해운업은 국가 경제와 세계 경제의 활력상을 보여준다는 점에서도 상징성을 띄고 있다. 자오 상쥐그룹 내에서도 해운을 포함한 교통 부문은 그룹 매출의 40퍼센트를 차지할 정도로 위상이 크다. 자오상쥐그룹이 걸어온 길은 중국의 산업이 발달해온 여정과 맞물려 있다. 해운에서 시작한 자오상쥐는 이제 다른 연관 산업들을 키우기 시작했다.

모든 상업의 근본은 은행에 있다

이홍장은 자오상쥐를 해운으로 시작하고 나서 해운을 길러주는 금융 업과 부동산업도 함께 발전시켰다. 그 역할을 해낸 사람은 저명한 사업 가인 서윤(徐潤)이다. 자오상쥐 설립 6개월이 지난 1873년 6월 서윤은 이홍장에 의해 발탁되었다. 우선 그는 자오상쥐에 '선진 경영 기법'을 도 입했는데, 그게 바로 보험이다. 선박에 물건을 싣고 나르는 데 반드시 보 험을 들어야 한다는 개념은 지금이야 당연하지만 당시 중국에는 전혀 없던 개념이다. 서윤이 이미 1800년대에 중국에 손해보험의 개념을 도 입한 주인공인 셈이다.

자오상쥐는 1875년 외국 보험공사의 기법들을 차용해서 중국 토종 보험회사를 최초로 만들기도 했다. 이 보험회사의 이름이 '인허수험공사 (銀河壽險公社)'다. 중국어로 수험이란 생명을 뜻하는 목숨 '수(壽)'와 보 험의 '험(險)'을 합친 말이다.

인허수험공사는 중국의 배와 화물뿐만 아니라 해외 상인들의 배와 화물도 같이 책임졌다. 서윤은 내친김에 화재보험까지 도입했다. 자오상쥐가 시작한 인허 보험은 중국 보험업계를 형성한 최초의 회사로 평가받고 있다.

선박에 물건을 실어 나르면서 보험의 필요성을 느낀 것처럼, 해운업을 시작한 자오상쥐는 차츰 다른 산업 분야로 영역을 넓혀가야 할 필요성을 느끼게 되었다. 우선 선박을 건조하고 물건을 실어 나르는 데에는 돈이 필요했다. 선박과 해운업은 적잖은 금융을 필요로 했다. 따라서 금융 부문도 자연스럽게 발달하는 계기가 되었다. 물론 원래 중국에 은행이 아주 없던 것은 아니었다. 1894년 이전에 외국인들은 중국에 여러 개의 은행 지점들을 개설해두었다.

이홍장은 이들 외국 은행의 활약을 보면서 조금씩 중국의 현실을 알게 되었다. 중국은 이제 예전 방식으로는 안 된다는 점, 외국에 의존할 게 아니라 스스로 은행을 만들어야 할 필요성이 크다는 점을 알게 된 것이다. 당시 중국 정치가들 사이에서 일어났던 토론을 보면 자생적인 은행업 진출에 대한 열망을 읽을 수 있다. "모든 상업의 근본은 은행에 있다", "서양인들이 나라를 일으키는 재물을 모은 것이 바로 은행업이다. 중국의 금융을 외국 은행에만 맡겨서는 안 된다", "중국에 자력으로 은행을 세우지 못한다면 중국의 권리는 모두 소진되고 만다. 은행이 없다면 문제가 커질 것이다. 먼저 은행을 열고 서양 기업들에 투자를 받아야 한다"는 말들만 봐도 자오상쥐에 금융이 필요했다는 것을 짐작할 수 있다.

자오상쥐는 부동산 업무도 발달시켰다. 하역 업무가 이루어지고 배가 들고 나는 부두와 항만을 위해 넓은 땅이 필요했다. 그러나 땅만 가져선 안 되었다. 물건이 도착하면 이것을 구석구석 보내주는 도로라는 사회적 간접자본(인프라스트럭처)이 필수다. 그러니 부동산과 건설 개발은 해운과 떼려야 뗄 수 없는 관계에 있다. 그래서 바닷길과 뭍길을 모두 책임지는 일을 자오상쥐가 맡게 된 것이다.

처음에는 순조롭게 출발한 자오상쥐였지만 1900년대 그룹의 역사를 보면 순탄치만은 않았다. 제1차, 제2차 세계대전을 거치면서 세계는 전쟁의 소용돌이에 휘말렸다. 중국도 예외는 아니었다. 세계가 혼란스러운 상황에서 자오상쥐는 국가에서 만든 기업으로서 묵묵히 화물을 실어 나르며 명맥을 유지해나갔다.

중국 개혁의 별

자오상 부동산은 자오상 해운 부문을 뒷받침하면서 동시에 경제 특구를 개발하는 데 뛰어들어 중국의 개혁개방을 이끌어냈다. 1949년 중화인민공화국이 건국되면서 자오상쥐는 '제2의 역사'를 열게 되었다. 특히 1950년은 중국과 홍콩의 경제 합작을 이끌어낸 해(年)이기도 하다.

홍콩에서 중국 자본이 들어가기 시작한 것도 이때부터다. 지금이야 중국 대륙의 큰손들이 오히려 홍콩이나 마카오 등지에서 '투자의 큰손'으로 군림하면서 지갑을 열고 있는 것이 어색하지 않지만 당시로서는 중국과 홍콩의 합작은 획기적인 일이었다.

중국과 홍콩의 공조로 이루어진 개혁개방의 결실은 1979년부터 설립된 서커우 공업지구에서 꽃피었다. 서커우 공업지구를 만든 자오상쥐는 개혁개방 이후 중국 최초로 공업지구를 만든 기업으로 역사에 남았다. 자오상 부동산은 서커우 공업지구 개발과 함께 본격적으로 발전하기 시작했다. 자오상 부동산 개발의 전신이 서커우 항구유한공사라는 점에서 자오상 부동산과 서커우는 불가분의 관계다.

서커우는 말 그대로 '뱀의 입(蛇口)'같이 생긴 지역이라고 해서 붙은 이름이다. 도심에서 멀리 떨어져 있는 황무지였던 서커우는 20여 년간의 개발을 통해 아름다운 해안 도시이자 산업의 중심지로 발전했다.

세계의 관심은 서커우 공업지구에 몰렸다. 중국 본토에서 지도자들이 날아와 시찰을 반드시 하는 곳도 서커우였다. 덩샤오핑(鄧小平)과 장쩌민(江澤民)이 서커우 공업지구에 모습을 드러냈으며, 영국 총리 에드워드 히스(Edward Heath)도 방문했다. 자신을 개혁의 상징으로 일컫는 싱가포르 리콴유(李光耀) 총리도 방문했다. 리콴유 총리는 서커우 공업지구에 대해 칭찬을 아끼지 않으며 중국 자오상쥐가 경제적·사회적 책임을 다하고 있다고 말했다. 1993년 4월 10일 서커우 자오상 항만 서비스가 설립되어 같은 해 6월 7일 선전증권거래소에서 거래되기 시작했다.

서커우 경제지구는 이곳을 세운 위안겅(袁庚)을 빼놓고선 이야기할 수 없다. 그는 군인 출신이지만 자오상쥐에서는 사업가로서 중국 개혁개방의 역사 속에서 기억되는 인물이다. 1936년 20대 청년이던 그는 중국군에 들어가 정보관 등 다양한 군 업무를 경험했다. 그는 1953년 초대 중국 주 인도네시아 총영사를 역임하면서 해외 경험도 쌓았다.

하지만 그의 일생 중 대부분은 선전 서커우와 함께였다. 그는 1979년 선전 서커우 지역 관리 위원회 주임을 맡아 서커우 공업지구의 개발을 주도했다. 70세가 된 1987년, 위안경은 기쁜 소식을 접하게 되었다. 그가 과거에 제안했던 자오상 은행을 설립하는 건의가 받아들여지면서 자오상 은행이 설립되기에 이른 것이다. 서커우 지구 개발에 공헌한 위안경을 기념하는 의미로 자오상 은행의 창립식은 서커우 지점에서 열렸다. 2003년 그는 86세의 나이에 '중국 개혁의 별'이라는 칭호를 받게 되었다. 중국과 홍콩 경제발전에 기여한 공로다.

'서커우의 아버지' 위안경의 '정보 경영'

서커우 공업지구의 아버지로 불리는 위안경이 입버릇처럼 이야기하는 경영 철학 네 가지가 있었다. '시간은 금'이고 '효율은 곧 생명'이다, '지식은 곧 재산'이며 '정보는 생명이다'라는 말이다. 위안경은 속도 경영을 중시했다. 시간이 금이라는 말은 그런 뜻이다. 그는 적당한 시점, '때'에 걸맞은 투자를 추구했다. 그래야 효율성이 높아질 수 있었다.

자오상쥐는 인수합병을 할 때는 과감하고 속도감 있게 결정을 내렸다. 1988년 자오상쥐는 국제 보험시장에 진출하는 첫 번째 중국 대륙 기업이 되기 위해 런던과 홍콩에 있는 두 개의 보험회사를 인수하기도 했다. 또 자오상 은행은 홍콩 4위 은행이자 75년의 역사를 지닌 융룽은행(永隆銀行)을 인수했다. 영국 경제 일간지 《파이낸셜타임스》는 이 인수건을 두고 "다시 모방 복제가 될 수 없는 인수합병"이라고 평가했다.

지식은 재산이고 정보는 생명이라는 말에도 경영철학이 들어 있다. 같은 시간에 더 많은 일을 하기 위해서는 지식과 정보가 필수적이다. 그리고 옳은 결정을 내리기 위해서는 먼저 기초 지식이 바탕이 되어야 한다. 여기에 펄떡이는 정보가 기본 지식을 살아 숨쉬게 한다. 특히 '정보' 경영은 손마사요시(孫正義) 소프트뱅크 회장이 주장하는 경영 키워드 중 핵심적인 부분이다.

손마사요시는 경영의 핵심 키워드를 제시하면서 그중 하나로 '정(情)', 즉 정보가 필요하다고 설파했다. 그가 꺼내놓은 '정정략칠투(頂情略七鬪)'라는 말 중에서 정(頂)은 정상에 서서 전체를 내려다볼 것, 정(情)은 철저한 정보 수집, 략(略)은 전략을 세울 것, 칠(七)은 승률이 7할이라고 판단되면 사업을 시작할 것, 투(鬪)는 싸우되 지혜로 싸운다는 의미를 담고 있다. 여기서 밑바탕이 되는 것은 철저한 정보 수집을 의미하는 '정'이다.

손마사요시의 '정보 경영'과 위안겅의 '정보 경영'은 그런 면에서 닮은 데가 있다. 사실 중국에서 사업을 한다면 대부분 관시(關係)를 기반으로 한 '알음알음'

🌏 '중국 개혁의 별'이라는 칭호를 받는 위안겅은 서커우 경제지구를 일으켜 세운 주인공이다.

문화를 떠올린다. 이런 분위기 속에서 지식과 효율을 중시하는 자오상쥐의 기업 문화는 차라리 '괴짜'에 가까웠다. 중국에 팽배한 톄판완(鐵飯碗, 철밥통) 문화, 중간만 가면 된다는 보신주의를 깨뜨리자는 혁신은 통했다. 한 번 자리를 잡으면 결코 바뀌지 않으려 드는 '무사안일주의'를 바꾸기란 쉽지 않았다. 하지만 위안경의 '시간, 효율, 지식, 정보' 지론은 오랫동안 잠들어 있던 중국을 흔들어 깨우기에 손색이 없었다.

위안경이 세운 자오상 은행의 성공 비결도 앞서 언급한 네 가지 지론에서 크게 벗어나지 않는다. 자오상쥐의 태동은 애국정신을 기반으로 한 국영기업이었다. 이홍장의 양무운동 정신을 이어받은 자오상쥐의 사훈은 애국(愛國), 자강(自強), 개척(開拓), 신의성실(誠信)로 요약된다. 하지만 이들은 동시에 가장 시장 친화적인 기업이기도 했다. 특히 금융 부문에서 톄판완을 없애고 혁신을 내세운 것이 성공 비결이다. 자오상쥐그룹 차원에서 지금도 지키는 4대 사훈(애국, 자강, 개척, 신의성실)에서 '개척'과 '신의성실'이 금융에 접목된 셈이다.

1980년대부터 자오상쥐는 금융 부문에서 변화와 혁신을 주도했다. 1987년 자오상쥐는 주식회사 개념을 도입한 최초의 상업은행인 자오상 은행을 설립하기에 이른다. 자오상 은행은 상하이와 홍콩에 각각 2002년과 2006년 상장되었다. 이것이 중국 은행업계의 영업 체제를 개혁하는 기점이 되었다. 중국 은행은 국가에서 알아서 도와주었기 때문에 큰 격정이 없었다. 자칫하면 금융 기관이 '톄판완'이 될 수도 있었다. 그러나 자오상 은행은 주식회사 제도를 도입하고 주주에 대한 책임의식을 갖게

끔 유도했다.

'세 가지'가 없는 자오상 은행

자오상 은행에는 '세 가지'가 없다. '보장된 일자리', '보장된 직위', '보장된 연봉'이라는 3보장 시스템이 그것이다. 자오상 은행은 유연한 시스템을 도입해 매니저들이 승진하거나 부서를 이동할 때 자유롭게 하도록 했다. 그런 방식이 오히려 자오상 은행을 키웠다. 실제로 자오상 은행은 높은 연봉으로 중국인들에게 선망과 질투의 대상이다. 자오상 은행은 행원 1인당 급여총액이 2011년 44만 7,800위안으로 중국에서 가장 많았다. 자오상 은행은 2011년 4만 5,344명의 행원에게 202억 8,500만 위안을 지급했는데 이는 2010년보다 27퍼센트 증가한 수치다.

자오상 은행은 1인당 이익이 많은 은행 3위(79만 7,500위안)에 이름을 올리기도 했다. 8,000만 원을 줘도 1억 원 이상을 벌어오는 기특한 행원들이 일하는 곳이다. 어떻게 이런 일이 가능했을까? 그 밑바탕에는 직원들이 스스로 위기의식을 강조하고 효율성을 높였기 때문이란 설명이 가능하다.

자오상 은행은 고객이 무엇을 원하는지를 알고 그것을 이루는 데 힘을 쏟았다. 자오상 은행의 슬로건은 "고객에 의해 변합니다. 우리는 고객을 위해 여기 있습니다"다. 다른 은행보다 좋은 금융 상품과 서비스를 제공하기 위해 모바일 뱅킹에서 혁신을 시도했다.

자오상 은행은 다른 중국 은행들보다 먼저 전자결제, 전화, 셀프 서비스 뱅킹 등에 수력했다. 고객으로서는 높게만 느껴진 은행의 벽도 허문 셈이 되었다. 고객도 좋지만 은행으로서도 더 많은 고객을 끌어들일 수 있어 좋았다. 자오상 은행은 중국 은행으로서는 최초로 중국 전역에 IT 플랫폼 기반으로 설치되었다. 텔레뱅킹 서비스도 가능하게 만들었다. 중국 전역에서 인출을 하거나 이체를 하는 데 실시간으로 돈이 이동되도록 만든 것도 자오상 은행이다. 자오상 은행이 출시한 올인원넷은 중국 최초의 온라인 뱅킹 시스템이다.

자오상 은행은 클라우드 컴퓨팅과 모바일을 활용해 신규 사업에 진출하기도 했다. 과거에는 은행 창구직원들이 고객에게 플라스틱 신용카드를 발급했다. 이제는 신용카드를 아예 스마트폰에 저장해 고객에게 이것을 판매하는 방식까지 진화했다. 자오상 은행은 2011년 상반기 기준 은행 업무의 85퍼센트가 온라인이나 전화로 가능하도록 시스템을 확 바꾸었다. 특히 자오상 은행의 모바일 뱅킹 서비스는 2011년 말 기준 등록 사용자가 400만 명에 이른다. 이 중 통화(예를 들어 위안과 달러)가 사용 가능한 신용카드를 발급해 3,600만 신규 계좌를 유치해냈다. 자오상 은행의 최첨단 금융 사업은 하버드대학교 케이스 스터디에서도 우수 사례로 소개되었다. 지식과 정보를 활용해 고객의 시간을 절약하고 효율성까지 같이 높여준 사례다.

이런 노력을 통해 설립 당시 1억 위안의 자본에서 2012년 1,400억 위안의 순자산을 갖게 된 자오상 은행은 세계 800여 개 지점에 5만 명의 직원을 거느린 세계 100대 은행 중의 하나가 되었다. 영국《파이낸셜타임스》는 세계 1000대 은행 중에서 자오상 은행을 60위에 올려놓았다.

자오상 은행은 중국 카드시장에서도 1위(점유율 23퍼센트)를 달리고 있다. 자오상 은행은 82개 지점과 763개의 분점이 96개 도시에 흩어져 있다. 미국 뉴욕, 타이완 타이페이, 영국 런던, 홍콩 등에 각각 세워져 있다. 자오상 은행은 중국 내 금융기관 서열에서 5~6위를 차지한다. 여기서 6대 은행은 공상은행, 건설은행, 농업은행, 중국은행, 교통은행, 자오상 은행이다. 중국 내 국영은행을 제외하면 자산 규모 2위의 대형은행으로 자리매김하고 있다.

은행의 조건

자오상 은행은 슈퍼리치들을 위한 재테크 컨설팅도 선도적으로 마련했다. 자오상 은행의 해바라기 금융(선플라워 파이낸스)은 중국에서 최초로 고액 자산가 고객들을 대상으로 한 상품이다. 현재 고객만 75만 명이다. 자오상 은행은 2012년 말 아내의 통장으로 남편의 월급이 자동이체되는 신개념 금융상품을 개발해 중국 남편들의 원성을 들으며 때 아닌 유명세도 탔다. 남편들은 비자금을 숨길 데가 없어져 죽을 맛이었지만 숨겨진 '용돈' 출처를 훤히 알게 된 아내들은 환호성을 질렀다는 후문이다.

자오상 은행은《월스트리트저널》이 선정한 '아시아에서 가장 존경받는 200대 기업' 순위에서 중국 내 최고 자리에 올랐다. 마웨이화(馬蔚華) 자오상 은행장은 "고객과 주주의 권익을 증대하도록 노력하고 빈곤 지역에 학교를 세우는 등 기업의 사회적 책임을 이행해온 점 등이 존경받는 기업이 된 비결"이라 말했다. 자오상 은행은 품질과 서비스, 금융상품 제공 부문 등에서 모두 1위를 차지했다.

자오상 은행 하면 마웨이화 행장을 빼놓고 말할 수 없다. 그는 2013년 6월에 1999년부터 15년 넘게 일해온 자오상 은행을 떠났다. 마웨이화 행장이 자오상 은행에 들어온 1999년부터 10년간 자오상 은행의 시가 총액은 20배 늘었다. 마웨이화 행장은 사우스웨스트대학에서 금융과 경제로 박사학위를 받았다. 그는 한때 랴오닝성에서 기획통으로 도시를 규획(規劃)하고 경제를 살리는 일도 했다.

마웨이화 행장은 효율성·품질·규모의 3박자가 조화될 때 은행이 발전한다고 말했다. 그는 이성적으로 시장을 보는 것이 좋은 성과로 이어진다면서 시장이 과열되었을 때는 냉정하게 판단하고, 시장이 나쁠 때는 적극적으로 기회를 찾는다고 강조했다.

자오상쥐그룹이 운영하고 있는 보험사로는 시그나(Cigna)와 자오상쥐그룹이 합작해서 만든 조인트벤처 기업인 시그나&CMC 생명보험(Cigna&CMC Life Insurance)이 있다. 이 보험사는 2012년 말 기준으로 중국에서 100만 번째 보험을 판매했다. 시그나&CMC 생명보험은 2000년대 중국 건강·보험시장에 진출한 이래 성장세를 유지하고 있다. 중국의 중산층과 노령인구 증가, 도시화 확산이라는 키워드는 보험업계에는 반가운 소식이다. 시그나&CMC 생명보험은 이 점을 미리 꿰뚫어보고 중국 보험업계에 발을 담갔다.

2003년 설립된 이 회사는 10여 년 만에 중국 베이징, 상하이, 광둥성,

저장성, 쓰촨성, 허베이성, 산둥성, 랴오닝성 등 9개 지역에 4,000여 명의 직원과 100만 건의 보험을 보유한 주요 보험업체가 되었다. 실제로 시그나&CMC 생명보험은 중국 최우수 해외생명보험업체로 인정받았고 중국 생명보험 조인트벤처 가운데 종합 경쟁력 면에서 1위로 올라섰다. 시그나&CMC 생명보험은 중국 경제가 상대적으로 둔화되었지만 2012년에 성장세를 보였다. 시그나&CMC 생명보험은 2012년 9월 말 기준 2억 3,800만 달러의 보험료 수입을 올려 2011년 같은 기간보다 35퍼센트 성장했다.

친샤오 회장의 '뺄셈 경영'

1992년 자오상 인터내셔널의 상장은 홍콩 증권가에서 단연 화제였다. 자오상 인터내셔널이 홍콩 시장에 상장되던 첫 날, 주가는 무려 200퍼센트나 급등했다. 홍콩 증시 역사상 최고 기록이었다. 자오상 인터내셔널 주가는 홍콩 항셍지수에도 포함이 되는 주요 종목이 되었다. 주가 급등은 자오상쥐그룹의 성공에서 하나의 예에 불과했다. 각종 계열사들의 양호한 실적을 바탕으로 자오상쥐그룹은 1995년 중국 대형 국유기업 500대 기업 중에서 26위에 오르게 되었다.

그러나 2000년대 자오상쥐그룹은 위기를 맞았다. 1998년 아시아를 덮친 외환위기에서 완전히 자유로울 수만은 없었기 때문이다. 위기가 찾아왔지만 완전히 피할 수 없었다. 피할 수 없다면 철저히 대비하자는 게 자오상쥐그룹의 생각이었다. 2001년부터 자오상쥐그룹은 친샤오(秦曉)

회장이 개혁을 단행하며 건전한 재무 상태를 갖추도록 그룹을 재정비했다. 위기 순간마다 적절한 구조조정을 하면서 자오상쥐그룹은 위기에 더 강한 내성을 키우게 된 것이다.

친샤오 회장은 여기서 '뺄셈 경영'을 주창했다. 자오상쥐그룹이 성장하면서 문어발식 확장을 했던 걸 반복하지 말자는 취지였다. 기존에 3개 축으로 시작된 사업은 17개의 서로 다른 사업들로 마구 확장되어 나갔다. 성장세에 있던 자오상쥐그룹이 종횡무진 투자한 것까지는 좋았지만 위기에는 도저히 모든 것을 다 잘할 수는 없었다. 그래서 가지를 쳐내는 작업이 필요했다. 군살을 빼고 다이어트를 해야 자오상쥐그룹이 회복될 수 있었다. 그는 그런 맥락에서 '과감히 버리기(弃子)'를 강조했다. 이는 바둑 용어로 '돌을 버리다'는 뜻이며 승리하기 위해서는 때로는 포기할 줄도 알아야 함을 의미한다.

친샤오 회장은 1997~2006년까지 기간을 총 3번으로 나누어 각각 3단계의 액션 플랜을 세웠다. 먼저 1997~2000년을 '회복의 4년'으로 정하고 빚을 갚고 유동성 위기를 타

🔆 친샤오 회장은 '뺄셈 경영'을 주창했다. 군살을 빼고 다이어트를 해야 그룹이 회복될 수 있다는 것이다.

개하는 것을 근본 목표로 삼았다. 두 번째 2001~2003년은 '재조정의 3년'으로 잡고 부실 자산을 없애고 새로운 성장 동력을 찾는 시기로 만들기로 했다. 그리고 자산과 인력 구조조정에도 초점을 맞추었다. 마지막 2004~2006년은 '재도약의 3년'으로 삼았다.

친샤오 회장은 그동안 퍼져 있던 조직을 슬림화하고 강하게 만들기로 했다. 우선적으로 본부의 전략과 결정에 자원을 집중하기로 한 것이다. 튼튼한 본부가 우선 만들어져야 지점도 생존할 수 있었다. 그리고 모든 전략의 중심에는 '사람'을 어떻게 쓸지에 대한 고민이 있었다.

친샤오 회장은 『삼국지』에 나오는 '방수양어(放水養魚)' 전략이 필요하다고 강조했다. 방수양어는 『삼국지』에서 핵심 참모로 소개되는 방통(봉추)과 제갈량(와룡)에 대한 유비의 용인술에서 비롯된 말이다. 물고기가 물을 만나야 살 수 있는 것처럼 사람은 환경이 뒷받침되어야 원대한 포부를 펼칠 수 있다. 즉, 인재를 제대로 된 물에서 걸맞게 활용하는 게 첫 번째였다. 자오상쥐그룹도 이런 환경을 조성하기 위해 나섰다.

자오상쥐그룹은 벤치마킹은 하되 자기 것이 아니면 안 된다는 정신도 강조했다. 흔히 좋은 것을 보면 그대로 베끼고 싶은 충동이 생기기 마련이다. 하지만 그대로 답습해서는 '양복에 갓 쓴 격'이 될 수 있었다. 자신을 자극하는 좋은 요소들을 '충분히 깨닫되 모방하진 마라'는 게 자오상쥐그룹의 행동강령이 되었다.

10년에 걸친 액션 플랜을 실천한 결과 리먼브러더스 사태 등으로 어려움을 겪던 시절인 2008~2011년간 자오상쥐그룹의 순수익은 20억 달러에서 38억 달러로 90퍼센트 늘어나는 결실을 맺었다. 이 기간 동안 친샤오 회장이 남기고 간 유산이 2010년 취임한 푸위닝(傅育寧) 회장에게 이어졌다.

엄격한 구조조정을 통해 자오상쥐그룹은 2004~2011년 중국 국무원 직속 국유자산감독관리위원회(SASAC)가 주는 8년 연속 기업 평가 A등급을 획득했다. 이윤 총액 순위에서도 17위였던 자오상쥐그룹은 구조 조정기를 거치며 11위로 6단계 뛰어올랐다.

자오상쥐그룹은 1997년 외환위기 때부터 개혁을 단행해 건전한 재무 상태를 갖추어 놓았다. 그 결과 다른 기업들이 휘청거렸던 2008년 리먼 브러더스 사태 때 강한 면모를 보일 수 있었다. 실제 2007년 자오상쥐 그룹의 자산은 2,159억 위안으로 증가했고 총 관리 자산은 1조 5,020억 위안으로 불어났다.

4년 뒤인 2011년 자오상쥐그룹의 자산은 3,423억 위안으로 1,000억 위안 이상 불어났다. 또 회사가 굴리는 총 관리 자산은 3조 1,000억 위안에 달했다. 2008년부터 세계를 강타한 금융위기에 자오상쥐그룹은 오히려 성장한 것이다.

자오상쥐그룹은 전 세계에 10만 명 이상의 종업원을 거느린 대기업이 되었다. 2008년 금융위기 속에서도 자오상쥐그룹은 국제 경쟁력을 높였다는 평가를 받았다. 경영 능력, 시장 전략, 위험을 통제하는 리스크 관리에서 탁월함을 보인 것이다.

자오상쥐그룹은 2012년 12월 26일에 창립 140주년을 맞았다. 2010년부터 회장직을 맡아오고 있는 푸위닝 회장은 기념사에서 "중국 역사 속에서 시장 경제 발전, 근대화, 기술 혁신, 산업 발전 등을 이루어나가면서 회사 가치를 극대화하기 위해 노력해왔다"고 밝혔다. 자오상쥐그룹은 2002년부터 2012년까지 10년 동안에만 1,200억 위안을 창출해낸 것이다. 또 홍콩에서 기업을 일구면서 일자리 창출에도 보탬이 되었다.

자오상쥐그룹을 일군 사람들

자오상 맨, 친샤오 전 자오상쥐그룹 회장

친샤오는 자오상 맨(man)으로 통한다. 나라에 이바지하는 기업인, 그러면서도 할 말은 하는 기업인이 그의 이미지다. 자오상쥐그룹 최고경영자를 지낸 친샤오 전 회장은 2001년 12월 자오상쥐그룹을 맡으며 엄격한 구조조정을 단행했다.

그 결과 총자산 496억 위안, 부채 233억 위안으로 거의 도산할 뻔한 국유기업 자오상쥐그룹은 친샤오 회장이 재임하는 동안 회사 총 자산이 4배 이상 늘었고 이윤도 20배 증가했다. 연평균 성장률은 40퍼센트에 달했다. 그는 그룹의 재무 구조와 내실을 다졌다는 평가를 받으면서 기업가로서 커리어를 꽃피웠다. 그가 재직할 당시 자오상쥐그룹의 2010년 순이익은 전년 대비 21퍼센트 성장한 216억 3,400만 위안으로 중국 국유기업 중에서 9위에 올랐다.

친샤오 회장은 사실 공산당 명문가 출신이지만 그가 갖고 태어난 이권을 누리는 것을 거부했다. 그는 공산당이 외치는 사회주의보다는 자유주의 가치의 신봉자로 잘 알려져 있다. 그는 50세가 넘는 나이에 케임브리지대학에 입학해 박사 과정을 밟았다. 만학도였던 친샤오 회장은 국유기업의 개혁과 금융개혁을 강력히 주장하는 논문을 썼다. 또 중국이 자신들에게 유리하도록 만들어놓은 고정환율제를 폐지해야 한다는 주장을 펼쳤다. 그의 주장은 중국 정책 당국과는 정반대 입장이어서 상당한 화제가 되었다. 자신들에게 유리한 조건도 시장에 위배된다며 선뜻 뿌리칠 정도니, 철저한 시장주의자라는 평가가 나올 만하다. 자오상쥐그룹 회장을 맡기 전에 친샤오는 자오상 은행 행장을 역임하면서 금융계에 큰 영향력을 행사했던지라 그의 입에서 나온 말 한마디로 위안화 환율이 들썩이기도 했다.

그는 국유기업 경영자이면서도 국유기업이 갖는 특권에는 근본적으로 반대했다. 누릴 수 있는 권리를 쿨하게 포기한, 괴짜라면 괴짜다. 그는 "중국의 지난 30년간 성공은 시장 개혁에서 나온 것이다. 계속 진전하려면 정부 역할이 변해야 한다. 자유 시장 시스템으로 개혁해야 한다"고 강조했다.

사실 그의 '삐딱선'은 그가 균형을 중시하기 때문에 나온 것이다. 중국인들이 미국 모델을 맹목적으로 따라야 한다고 주장할 때 친샤오는 공평 사회라는 개념과 지역 균형 발전을 중시한 라인 모델(라인강 유역의 독일, 스위스 등 서유럽 국가)을 소개했다. 그는 현재 중국의 양극화, 특히 농촌과 도시의 격차를 감안해 실정에 맞는 경제 모델을 선정해야 한다고 강조했다. 지금도 그의 자유와 개혁 정신은 중국에서 많은 기업가에게 영감을 주고 있다. 그의 꿈은 하나다. 사업가이면서도 사회 개혁의 꿈을 동시에 가진 제2의 '친샤오'가 많이 나오는 것이다.

조용한 카리스마, 푸위닝 자오상쥐그룹 현 회장

푸위닝 자오상쥐그룹 회장은 자오상쥐그룹을 이끌어온 친샤오 회장의 후임이다. 푸위닝 회장은 회장 자리에 오르기 전 자오상쥐그룹 사장직을 10년간 맡아왔다. 그의 사무실은 홍콩 자오상쥐그룹 빌딩 40층에 있었다. 그가 집무하는 사무실의 깨끗한 통유리창을 통해 마카오 항구와 바다가 내려다 보인다. 자오상쥐그룹의 정점에 서 있는 푸위닝 회장은 고속도로에서부터 은행에 이르기까지 117개의 크고 작은 계열사를 거느리고 있다. 2012년 기준 자오상쥐그룹의 자산은 560억 달러 규모에 달한다.

자오상쥐그룹의 위상이 얼마나 되는지 묻는 질문에 푸위닝 회장은 사무실에서 보이는 항구를 가리키며 "저 컨테이너 터미널에서 오고 가는 물동량을 보라"고 답한다. 자오상쥐그룹을 통해 오가는 물동량이 중국 교역량의 35퍼센트를 차지할 정도로 중국 경제에서 차지하는 비중이 크기 때문이다. 자오상쥐그룹이 중국 각지에 놓은 고속도로만 해도 3,975킬로미터에 달한다. 중국 전체 고속도로(3만여 킬로미터)의 10퍼센트 이상이다.

푸위닝 회장은 대학교를 다닐 때부터 바다와 인연을 맺었는지도 모르겠다고 고백한다. 그는 중국 다롄(大連)대학교를 졸업했다. 다롄은 본디 조선소 등이 많은 해안가 도시로 배와 밀접하게 얽혀 있는 지역이다.

중국에서 대학을 마치고 영국 부르넬대학으로 건너간 그는 엔지니어링을 전공하며 엔지니어로서 살까 고민도 했다. 그러나 푸위닝 회장은 중국으로 돌아왔다. 해외에서 배운 것을 고국에서 적용시킬 기회를 갖고 싶었기 때문이다. 알게 모르게 '바다 사나이'의 피가 끓었을지도 모를 일이다.

1988년 중국에 돌아온 그가 바로 자오상쥐그룹에 합류한 것은 아니었다. 그가 귀국해서 일한 첫 직장은 자오상쥐그룹이 대주주로 있는 석유회사였다. 이 회사에서 10년을 채운 뒤에 그는 모 회사인 자오상쥐그룹으로 옮겨왔다. 그가 자오상쥐그룹에 와서 가장 먼저 한 일은 아시아 금융위기를 맞아 위기에 처한 그룹을 다시 궤도로 올려놓는 일이었다.

외환위기 직후인 2000년, 어려운 상황이었지만 자오상쥐그룹은 위기를 극복해나갔다. 자오상쥐그룹 금융 부문 부사장으로 일을 시작한 그는 친샤오 전 회장이 주창한 10년간의 액션 플랜을 도왔다. 엔지니어 출신인데다가 금융 부문에 능력까지 갖춘 '기술통' 푸위닝 회장은 자오상쥐그룹을 금융과 실물이 잘 조화를 이루는 회사로 변모시키기 위해 노력했다.

푸위닝 회장은 체질적으로 개선된 자오상쥐그룹에 부가가치를 높이려 하고 있다. 푸위닝은《중국기업가》라는 잡지와의 인터뷰에서 "그동안 자오상쥐그룹이 뺄셈(減法) 경영으로 체질을 개선했다면 이제부터는 새로운 덧셈(加法) 단계로 들어가고 있다"고 밝혔다. 그가 성장시켰으면 하고 힘을 쏟는 분야는 바로 자본 투자다. 푸위닝 회장은 2013년 자오상쥐자본투자유한책임공사(招商局資本投資有限責任公司)를 만들었다. 이것이 출범할 수 있었던 이유는 시기적으로 좋은 매물이 많이 나왔기 때문이다.

2008년 금융위기 이후 유럽, 미국 등 외국에서 부실 자산이나 기업들이 매물로 나오면서 이런 회사들을 싼값에 사들이자는 움직임이 활발해졌다. 푸위닝 회장은 "현재 국제 시장에서 점차 인수합병에 투자할 수 있는 기회가 많아지고 있다"며 "그렇다고 해서 맹목적인 투자는 하지 않겠다. 다만 해외 투자를 통해 우리 기술을 더 발전시킬 수 있다면 그렇게 하겠다"고 설명했다.

또 푸위닝 회장은 해외 성장을 특히 강조하고 있다. 예를 들어 아프리카 토고 컨테이너 항구의 지분 50퍼센트는 자오상쥐그룹이 갖고 있다. 자오상쥐그룹은 5억 달러 규모의 터미널도 콜롬보에 열었다. 인도양까지 영향력을 행사하게 된 것이다. 두 프로젝트 모두 중국이 아프리카라는 자원 부국을 겨냥한 일종의 승부수다.

푸위닝 회장 밑에는 리젠훙(李劍虹) 자오상쥐그룹 사장이 있다. 그는 과거에 아시아 최대 해운회사이자 세계 5위권 해운회사인 코스코(중국원양 운송 집단)의 사장을 지내면서 이코노미스트이자 중역으로 활약했다. 중국원양 운송 집단에서 오랫동안 해운 분야에 몸담았으며 해운 분야에서 잔뼈가 굵은 인물이다. 중국 선박 산업 협회의 부회장을 맡고 중국 해양 건설과 해양 엔지니어링 협회 부회장이기도 하다. 영국 런던대학교에서 MBA를 받았으며 지린(吉林)대학교에서 경영학과 경제학을 전공했다.

기업(企業)에서 사람(人)을 빼면 기업은 멈춘다(止)

중국의 상도(商道) 5가지 비결

- 2012년 중국 기업 브랜드 가치. 자오상 은행 550억 위안(12위), 우량예 500억 위안(14위), 왕라오지 72억 위안(61위), 퉁런탕 45억 위안(79위) 이들 브랜드 가치를 원화로 환산해보면 자오상 은행 9조 5,000억 원, 우량예 9조 원, 왕라오지 1조 3,000억 원, 퉁런탕 8,000억 원을 각각 기록했다. - 후룬 리포트 중에서

- 세계 500대 기업에 중국 회사는 2012년 73개로 2011년보다 12개 더 늘었다. 반면 한국은 14개에서 13개로 줄어들었다. —《포춘》

최근 중국에는 '핫'한 기업들이 속속 등장하고 있다. HP의 1등 독주를 저지시켜 업계를 깜짝 놀라게 하는가 하면 블랙베리를 인수할 수도 있다는 가능성을 내비친 중국 PC업체 레노버는 모바일 분야에서도 삼성전자에 당당히 도전장을 내밀고 있다. 통신장비 1위 업체인 에릭슨을 따라잡을 기세로 무섭게 질주하고 있는 화웨이(華爲)도 대표적인 중국의 우

수 기업이다. 어디 그뿐인가. 중국의 구글로 불리는 바이두, 인터넷 쇼핑몰의 최강자로 불리는 알리바바에 이르기까지 중국 본토 기업들이 세계 다른 기업들의 아성을 위협하고 있다.

지금 당장 괜찮은 기업 이야기를 쓰는 것은 분명 흥미로운 일이다. 그러나 이것보다 좀더 흥미를 끄는 작업이 있었다. 눈부시지는 않지만 그 자리에서 묵묵히 장사를 해온 이들의 이야기를 쓰는 게 더 낫지 않을까 하는 생각이었다. 내 검증에 앞서 '장구한 세월'이 이들을 검증한 셈이다. 그리고 앞으로 장사를 하고 싶은 모든 이에게도 참고가 될 수 있을 것이란 생각이 들었다.

이 책을 쓰면서 오랫동안 꾸준히 장사를 하는 데 몇 가지 공통점을 발견할 수 있었다. 그리고 재미있게도 장사가 오래 이어지는 비결은 사람의 장수 비결과도 비슷했다. 영국의 한 의학자가 연구해 내린 결론은 속 편하게 노는(?) 사람이 스트레스도 없이 오래 살 것 같지만 실은 가장 끈질기고 일을 많이 하는 열정가가 오래 산다는 결론이다. 또 하나, 사회적으로 좋은 일을 많이 하고 남을 많이 돕고 남들과 어울리는 사람이 장수한다는 것이다. 건강한 사람은 일찍 자고 일찍 일어난다. 그리고 계속 움직인다. 요리를 하고 허드렛일을 하고 정원을 가꾸고 꾸준히 일한다.

비즈니스도 마찬가지였다. 얼핏 보면 업계 1위여서 독과점이 주는 이익을 충분히 누리면 계속 승승장구할 것 같다. 또 이미 다 검증된 방식을 답습하면 그럭저럭 살 수도 있을 것 같다. 하지만 천만의 말씀. 브랜드의 명성을 쌓기는 어려워도 무너지는 건 정말 한순간이었다. 그렇게 수백 년을 한결같이 사랑받기 위해 몸부림치는 중국 장수 브랜드의 DNA에는 5가지 비결이 녹아 있었다.

의리(義)는 곧 가치다. 회사가 추구하는 가치를 만들어라

의리란 단순한 정(情)이 아니다. 의리는 곧 추구하는 가치를 의미했다. 어떤 장수 기업이든 그 회사가 추구하는 가치가 한두 단어씩은 반드시 있었다. 두이추의 키워드는 성실이었다. 1년 365일 문을 닫지 않고 영업을 했다. 한결같음이 바로 기업이 사랑받은 비결이었기 때문이다. 금융, 부동산, 해운업에 종사하는 자오상쥐그룹의 가치는 애국이었다. 외세가 밀려들던 격변기에 조국을 사랑하고 산업을 지키기 위해 회사가 성립되었기 때문이다. 제약회사와 음식료 기업들의 공통점은 건강과 행복을 추구한다는 것이다. 맛있고 몸에도 좋은 제품이 가져다주는 행복을 위해 몇백 년을 달려온 기업들이다.

신뢰(信)는 소비자에게 달렸다. 소비자의 신뢰가 답이다. 그들의 니즈를 읽어라

모든 기업에서 고객이 왕이다. 고객이 있어야 기업이 있다. 고객이 무엇을 원하는지를 알아서 제품을 내놓는 곳만이 성공한다. 왕라오지는 사람들이 음료수를 마시는 이유를 건강에서 찾았다. 그리고 기름진 음식을 먹으면서 소비자들이 느끼는 불안감과 죄책감을 말끔히 씻어주었다. 퉁런탕은 고령화 사회의 트렌드를 재빨리 간파하고 아름답고 젊어지기를 원하는 중국 소비자들의 니즈를 읽었다. 건강을 생각하는 소비자들이 염도가 낮은 장아찌를 선호한다는 것을 제품에 적용시킨 반찬기업 류비쮜도 마찬가지다.

신뢰(信)는 직원들에게 달렸다. 인재 경영을 하라

소비자의 손에 제품이 도착하기 이전에 제품을 먼저 접하는 이는 누구일까? 물을 필요도 없이 그 제품을 만드는 회사의 직원이다. 그렇기 때문에 종업원이 먼저 제품에 자부심을 갖지 않으면 안 된다. 그리고 종업원들이 창출해내는 가치를 인정받는 곳이라야 장수할 수 있는 기업이다. 퉁런탕은 80세가 넘는 중의학자들을 고문으로 모시며 명예의 전당에서 이들의 업적에 감사를 표한다. 류비쮜는 반드시 종업원 안에서 후계자를 뽑았다. 내부 규율은 엄격해도 종업원에 대한 대우를 늘 최상으로 했다. 자오상 은행은 은행권에서 가장 높은 수준의 연봉을 제시하고 직원들의 사기를 북돋았다.

이익(利)은 끊임없이 변화하는 데서 나온다

이익을 많이 내려면? 당연히 노력을 해야 한다. 거저 생기는 이익은 없다. 품질을 좋게 하려면 어떻게 해야 하나? 끊임없이 갈고 닦아야 한다. 설비도 좋은 것을 들여야 하고 재료도 좋은 것을 써야 한다. 기존의 방식이 잘 먹혀들었다고 해서 안주해서도 안 된다. 시장은 급변하고 소비자의 기호는 계속 바뀐다. 이를 위해서는 현대화와 표준화가 필수다. 취안쮜더는 기존에 고수하던 과일나무 장작에서 오리고기 굽는 방식을 현대

화했다. 다오샹춘도 설탕에서 밀가루 사용에 이르는 모든 레시피를 표준
화했다.

또 자기가 자신 있는 영역과 기술에 접목한 신시장 개척도 필수였다.
장샤오취안은 가위와 칼로 350년을 먹고 살았지만 이제는 주방용품 기
업으로 거듭나고 있다. 우량예는 술 기업으로는 만족하지 않았다. 술 제
조공정의 정밀함이 연결되는 자동차 부품 산업에도 뛰어들었다.

품질 없이 이익(利) 없다. 고품질을 위해 노력하라

품질 없는 곳에 이익도 없다. 장수 브랜드들이 처음에 알려지기 시작
한 것은 바로 품질이 좋아서였다. 품질이 좋다는 것은 무엇을 말하는가?
품질이 단순히 좋기만 하다고 비용이 터무니없이 많이 들어가면 안 된
다. 지속가능한 고품질을 위해서는 P와 Q를 잘 생각해야 한다. 여기서 P
는 가격이고 Q는 생산량이다. 흔히 매출을 P와 Q를 곱한 것으로 표현한
다. 가격을 높게 받을 수 있다는 것은 곧 좋은 품질의 물건이어야만 가능
하다. 많이 만들려면 기타 부대 비용이 절감되어야 한다. 중국 장수 브랜
드들은 좋은 제품을 지속적으로 만들고 팔 수 있는 것을 최고의 장점으
로 꼽았다. 이들에게 생산은 마라톤이었다. 단거리 달리기만 하려면 박
리다매도 나쁘지 않다. 하지만 몇백 년간 바리다매가 가능할까? 그래서
는 장수하기 어렵다. 최고의 품질 제품이 아니면 소비자의 머릿속에 처
음부터 기억되기도 어려웠다. 품질이 생명이었다.

중국 역사 속에서 수많은 기업이 하늘의 별처럼 태어났다 떨어지고 이 세상을 스쳐갔을 것이다. 100년 이상된 기업들의 과거와 현재, 미래까지 머릿속에 그려보는 작업은 쉽지만은 않았다. 역사의 페이지 속에서 일부는 찢겨 있고 일부는 얼룩지기도 했다. 세상에 결코 그냥 되는 일도, 쉬운 일도 없기 마련이다. 하지만 몇몇 기업들은 모진 바람과 빗방울 속을 뚫고 지금도 우리 눈 앞에 있다. 이들은 오늘도 떡을 만들고 철을 벼리고 약재를 찧는다. 이런 기업들을 보며 드는 생각은 이랬다. "오래된 기업은 끊임없이 변화한다. 하지만 중요한 근본은 버리지 않는다." 오래된 브랜드들은 얼핏 보면 옛것을 그대로 답습하는 듯이 보일 수도 있다. 하지만 오래될 수 있던 기업들은 자신의 브랜드를 꾸준히 변화시키면서도 핵심 가치는 변하지 않도록 하고 있었다.

　중국 전통의 기업들을 살펴보며 내가 내린 결론은 중국 브랜드와 그 브랜드에서 일하고 있는 무수한 기업인들은 기업가로서의 역할을 늘 고민하고 실천해왔다는 것이다. 역사가 깊은 브랜드들에는 긴 수명도 있지만 무엇보다 핵심 가치(Core Value)와 신념이 있었다. 신념은 거창하지 않았다. 많은 사람이 좀더 합리적인 가격에 물건을 살 수 있게 만들자. 이왕이면 디자인도 좋고 쓰기 편한 것을 만들자. 손님이 물건을 더 사면 혹은 서비스를 더 누리면서 좀더 삶을 살 수 있게 한다면 그 기업은 살아 있을 가치가 있다는 것이다. 제품과 서비스의 성과는 오직 고객을 통해서만 입증된다. 그리고 그 성과는 기업의 장수로 이어진다.

중국 장수 기업들의 성공하는 습관

짐 콜린스와 제리 포라스의 공동 저서인 『성공하는 기업들의 8가지 습관』을 보면 50~100년 이상 지속되어온 기업을 비전 기업이라고 간주하고 이들이 어떻게 장수하면서 사업을 지속적으로 유지해왔는지를 정의한다. 앞서 우리가 살펴본 중국 장수 기업들을 이 같은 틀에서 본다면 역시 여러 항목을 만족하고 있음을 볼 수 있다.

이 책에서 기업은 '시간(아이디어)'을 알려주는 사람이 아니라 '시계(제품이나 서비스)'를 만들어주는 사람이 되어야 한다고 강조한다. 즉, 시간이라는 아이디어만 가지고는 부족하고 이를 손에 잡히는 제품이나 서비스로 즉각 제공이 가능한 '시계'로 구체화해야지만 비로소 사업이 된다는 뜻이다. 기업들은 핵심 가치들은 보존하면서 발전을 자극하는 일을 계속 해왔다.

중국 장수 기업에도 이윤 추구를 넘어서는 무엇인가가 있다. 국유기업만 14만 개가 넘는 중국에서도 계속적으로 성장하고 명맥을 유지할 수 있었던 원동력은 사람(人)이다. 당연한 이야기처럼 들리겠지만 기업도 사람이 하는 일이다. 기업의 기(企)에는 사람 아래 그칠 지(止)가 들어간다. 사람(人)이 빠져버린다면, 기업(企業)은 그쳐버리고(止) 말 것이다.

30조 원이 넘는 자산을 보유해 홍콩 제일의 갑부로 불리며 청쿵그룹을 일궈낸 리카싱 회장의 명언도 사람을 대하는 기업가의 자세를 강조하고 있다.

- 세상 모든 사람이 나름 총명하고 재빠르다는 것을 알아야 한다.
- 인재는 아무리 취(取)해도 다함이 없고 아무리 써도 없어지지 않는다.
- 당신이 타인에게 좋은 사람이 되면 그들도 당신을 좋게 대하는 것이 자연스러운 일이다.
- 사람의 재능과 덕성을 알고 합리적으로 등용해야 한다.
- 대부분의 사람은 장점과 단점이 있고 각각 자신의 능력에 따라 일하고 필요한 곳이 있다.
- 사람을 대하는 것이 제일 중요하다.

이제는 중국 기업들이 역사와 전통에 현대적인 경영 감각까지 무장하고 세계 시장에서 돌파구를 찾고 있다. 물론 중국 기업이 전부 세계적인 명성을 얻는다고 말할 수는 결코 없다. 하지만 적어도 이들에게는 성공의 경험과 자신감, 추구하는 명확한 가치가 있다. 이들처럼 우리나라에도 전통 있는 우수한 브랜드가 많이 생겨서 장수하기를 바란다. 그리고 역사를 자랑하는 기업들을 소중히 지켜갈 수 있는 기업 문화와 가치가 뒷받침될 수 있으면 하는 바람이다.

참고문헌

신문·잡지

간병용, 〈중 국민 음료 왕라오지(王老吉) 상표 분쟁〉, 《아주경제》, 2012년 5월 25일.

강영매, 〈[강영매의 중국 미담] (1) 중추절과 월병〉, 《한국일보》, 2010년 9월 30일.

김보라, 〈중국 와인 시장 지각 변동 "성장세 '폭발적'…최대 잠재 시장"〉, 《한국경제》, 2013년 4월 5일.

김정한, 〈보르도 와인도 '메이드 인 차이나'?〉, 《뉴스 1》, 2013년 8월 2일.

노경목, 〈중(中) 방문 한국 관광객 꼭 찾는 한약방 '퉁런탕' 나홀로 매출 쑥쑥〉, 《한국경제》, 2012년
8월 31일.

《뉴욕타임스》, 1896년 9월 3일; 《민주와 법제시보(民主與法制時報)》, 2006년 7월 9일.

박정배, 〈박근혜—시진핑 국빈 만찬의 음식 코드〉, 《중앙일보》, 2013년 7월 6일.

박준형, 〈'우황청심환' 중(中) 동인당 코스피 노크〉, 《매일경제》, 2013년 11월 25일.

배인선, 〈중(中) 마오타이주보다 비싼 술 나온다〉, 《아주경제》, 2012년 11월 16일.

〈베이징 대표 음식점 3 : 다오샹춘〉, 《내일신문》[중국망 한국어판], 2009년 7월 20일.

〈베이징 대표 음식점 4 : 오리구이 취안쥐더〉, 《내일신문》[중국망 한국어판], 2009년 7월 21일.

〈베이징 대표 음식점 5 : 리우삐쥐〉, 《내일신문》[중국망 한국어판], 2009년 7월 22일.

〈'사치 척결' 바람에 중국 고급식당 생존 몸부림〉, 《연합뉴스》, 2013년 5월 18일.

서영찬, 〈'진상'의 철학 "부는 덕에서 나온다"〉, 《경향신문》, 2008년 5월 30일.

〈시그나&CMC, 중국에서 1백만 번째 보험 판매기록 달성〉, 《뉴시스》, 2012년 12월 6일.

신아가, 〈[자연음식 이야기] (8) 장아찌〉, 《매일신문》, 2012년 2월 16일.

〈열이 나면 왕라오지를 마셔라〉, 《주간무역》, 2012년 6월 8일.

오광진, 〈펩시 중국 차음료 인수 추진〉, 《한국경제》, 2008년 12월 22일.

웨이자오리, 〈중국, 세계 최대 와인시장으로 질주〉, 《중국》(인민화보사 월간지), 2013년 제6호.

정혁훈, 〈'펑리위안 효과' 중(中) 패션업계 날다〉, 《매일경제》, 2013년 3월 26일.

조동진, 〈세계 와인시장의 숨은 강자 산둥반도 옌타이에 취하다〉, 《주간조선》, 2010년 7월 26일.

〈[중국의 장수기업 정신] 명·청 시절 창업〉, 《경제풍월》, 2013년 1월호.

최경선, 〈중(中) 증시에 '오리식당' 돌풍〉, 《매일경제》, 2007년 11월 21일.

최지흥, 〈중국 화장품 시장, 토종 기업 주목〉, 《한국일보》, 2013년 1월 24일.

최지흥, 〈지난해 중국에서 유행한 광고 마케팅 6선〉, 《한국일보》, 2013년 1월 22일.

한우덕, 〈한우덕의 13억 경제학, 중국 경제 콘서트 (59)〉, 《중앙일보》, 2011년 10월 17일.

한인희, 〈중국 포도주의 아버지, 장비스 (상)〉, 《현대일보》, 2011년 1월 24일.

한진형, 〈한진형의 바이주 세계 (3) : 오곡의 조화 우량예〉, 《아주경제》, 2011년 9월 20일.

허연, 〈가장 좋을 때 실패에 대비하라〉, 《매일경제》, 2005년 9월 23일.

단행본

강효백, 『중국인의 상술』, 한길사, 2002년.

량치차오, 박희성·문세나 옮김, 『리훙장 평전』, 프리스마, 2013년.

소프트뱅크 아카데미아 특별강의 편집, 김정환 옮김, 『손정의의 선택』, 소프트뱅크커머스, 2013년.

자오위핑, 박찬철 옮김, 『마음을 움직이는 승부사 제갈량』, 위즈덤하우스, 2012년.

취펑화, 『이히 차이나』, IGMbooks, 2012년.

800년 장사의 비밀

지은이   서유진

이 책의 편집과 교정은 박상문이, 디자인은 노영현이, 출력은 거호출력 최영빈이, 인쇄는 미광원색 김기창이, 제본은 정성문화사 강민구가, 종이 공급은 대현지류의 이병로가 진행해 주셨습니다. 이 책의 성공적인 발행을 위해 애써주신 다른 모든 분들께도 감사드립니다. 티움출판의 발행인은 장인형입니다.

초판 1쇄 발행 2014년 3월 17일
초판 2쇄 발행 2014년 4월 16일

펴낸 곳   티움출판
출판등록   제313-2010-141호
주소   서울특별시 마포구 월드컵북로4길 77, 3층
전화   02-6409-9585
팩스   0505-508-0248
홈페이지   www.tiumbooks.com   www.facebook.com/tiumbooks

ISBN 978-89-98171-10-0 13320